Español

Segundo grado ACTIVIDADES

Español. Segundo grado. Actividades fue elaborado por el Programa Nacional para el Fortalecimiento de la Lectura y la Escritura en la Educación Básica, con la colaboración de la Dirección General de Materiales y Métodos Educativos, ambos de la Subsecretaría de Educación Básica y Normal de la Secretaría de Educación Pública

Autores
Margarita Gómez Palacio Muñoz
Laura V. González Guerrero
Gregorio Hernández Zamora
Elia del Carmen Morales García
Beatriz Rodríguez Sánchez
María Beatriz Villarreal González
Zoila Balmes Zúñiga
Ana Rosa Díaz Aguilar
Mariela Grimaldo Medina
Laura Silvia Iñigo Dehud
Lucía Jazmín Odabachian Bermúdez
María Esther Salgado Hernández
Elizabet Silva Castillo

Coordinación editorial
Elena Ortiz Hernán Pupareli

Cuidado de la edición
José Manuel Mateo Calderón
Elia García

Supervisión técnica
Alejandro Portilla de Buen

Portada
Diseño: Comisión Nacional de Libros de Texto Gratuitos
Ilustración: *La presa de Huichapan* (fragmento), s/f
Fresco, 10.03 m²
Máximo Pacheco (1905-1992)
Escuela "Domingo F. Sarmiento"
Ciudad de México
Fotografía: Javier Hinojosa

Servicios editoriales
CIDCLI
Coordinación editorial e iconográfica:
Patricia van Rhijn Armida y Rocío Miranda

Diseño:
Rogelio Rangel
Annie Hasselkus
Evangelina Rangel

Ilustración:
Martha Avilés (lección 6)
Irina Botcharova (lecciones 5, 20, 28, 35)
Gloria Calderas (lecciones 3, 10, 15, 36)
Blanca Dorantes (lección 4)
Elvia Esparza (lecciones 18, 26)
Laura Fernández (lección 4)
Mauricio Gómez Morin (lección 11)
Claudia Legnazzi (lecciones 1, 12, 17, 25)
Leonid Nepomniachi (lecciones 7, 22, 30, 34)
Ricardo Radosh (lecciones 8, 13, 19, 33)
Maribel Suárez (lección 24)
Tané, arte y diseño (lecciones 2, 9, 23, 32, 38, 39)
Felipe Ugalde (lecciones 27, 37)
Edna Villalpando (lección 35)

Reproducción fotográfica:
Rafael Miranda

Primera edición,1998
Cuarta edición, 2001
Tercera reimpresión, 2004 (ciclo escolar 2005-2006)

D.R. © Secretaría de Educación Pública, 1998
Argentina 28, colonia Centro,
06020, México, D.F.

ISBN 970-18-6818-8 (Obra general)
970-18-6820-X

Presentación

La serie *Español. Segundo grado* está formada por tres nuevos libros de texto gratuitos: *Lecturas, Actividades y Recortable*. Fueron elaborados en 1998 y sustituyen a todos los materiales que, hasta el ciclo 1997-1998, se venían utilizando en las escuelas primarias para esta asignatura y grado.

El libro de *Lecturas* es el eje articulador de los nuevos materiales. Con base en los textos que reúne se plantean ejercicios y juegos en los libros de *Actividades y Recortable*.

La elaboración de estos materiales estuvo a cargo de maestros y especialistas cuya propuesta didáctica recupera, tanto resultados de investigaciones recientes sobre la adquisición de la lengua escrita y el desarrollo de habilidades comunicativas en los niños, como la amplia experiencia docente acumulada a lo largo de varios años por muchos profesores de este ciclo escolar.

Las maestras y los maestros de segundo grado contarán además con el *Libro para el maestro* de Español, que incluye recomendaciones puntuales sobre el uso de los materiales dirigidos a los alumnos, las formas en que éstos se articulan y las maneras de vincular los otros libros de texto gratuitos del grado con los procesos de enseñanza de la lectura y la escritura. Este libro para el maestro se suma a la nueva edición del *Avance programático* y al *Fichero. Actividades didácticas*, previamente distribuidos. Los tres materiales, en conjunto, ofrecen los apoyos necesarios para que los profesores desempeñen adecuadamente su labor docente en este campo.

La renovación de los libros de Español forma parte del proceso general para el mejoramiento de la calidad de la enseñanza primaria que desarrolla el gobierno de la República.

Para que esta tarea de renovación tenga éxito es indispensable mantener actualizados los materiales, a partir de las observaciones que surjan de su uso y evaluación. Para ello, son necesarias las opiniones de los niños y los maestros que trabajarán con estos libros, así como las sugerencias de las madres y los padres de familia que comparten con sus hijos las actividades escolares.

La Secretaría de Educación Pública necesita sus recomendaciones y críticas. Estas aportaciones serán estudiadas con atención y servirán para que el mejoramiento de los materiales educativos sea una actividad sistemática y permanente.

Índice

Lección 1
El primer día de clases

La brujita Elire y sus amigos
Pega las imágenes donde corresponda.

	Una brujita con una bola de cristal.		Dos brujitas con dos varitas mágicas.
	Un brujito con un caldero.		Una brujita con dos gatos negros.
	Un brujito con un libro de hechizos.		Dos brujitos con dos escobas.

13

Completa las oraciones.

Si tuviera una varita mágica, yo

_____.

Me gustaría tener una escoba voladora para

_____.

Y las palabras mágicas son...

En equipo, jueguen a inventar una fórmula mágica
y escriban para qué les gustaría que sirviera.
Observen el ejemplo.

Ejemplo: Fórmula mágica para aparecer un chocolate.

Minino, minino,
minino colate,
que aparezca una barra
de sabroso chocolate.

Fórmula mágica para:

_____

Palabras mágicas:

_____

_____

_____

_____

¿Qué harías?

Platica con un compañero acerca
de los problemas que se mencionan.
Marca con una palomita (✓)
la o las soluciones
que te parezcan mejores.

Si te cambiaras de casa y tu escuela quedara muy lejos, ¿qué preferirías?

☐   Cambiarte a una escuela cerca de tu nueva casa.

☐   Levantarte más temprano y seguir en tu escuela.

Si te cambiaras de escuela y extrañaras a tus amigos, ¿qué harías?

☐   Buscarías nuevos amigos.

☐   Escribirías cartas a tus anteriores compañeros.

☐   Ya no tendrías amigos.

Si quisieras ser amigo de alguien, ¿qué harías?

☐   Le escribirías un recado.

☐   Lo invitarías a jugar en el recreo.

☐   Lo invitarías a tu casa.

Comenta con el grupo qué soluciones les parecieron mejores y por qué.
¿Qué soluciones prefirió la mayoría?

Relato de un problema

Escribe un relato. Discute con tus compañeros y tu maestro sobre lo que vas a escribir.

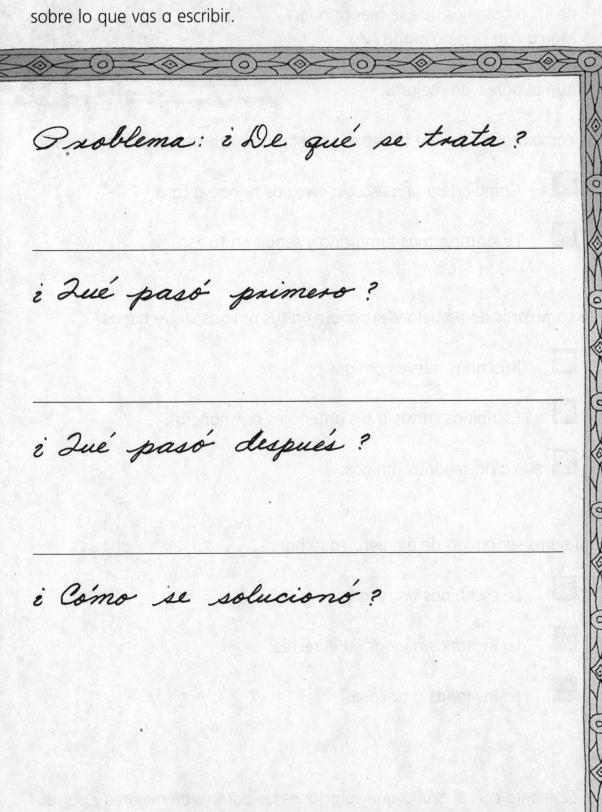

Problema: ¿De qué se trata?

¿Qué pasó primero?

¿Qué pasó después?

¿Cómo se solucionó?

Caminito de la escuela

Con tu maestro y tus compañeros, canta esta canción.

Caminito de la escuela,
apurándose a llegar
con sus libros bajo el brazo
va todo el reino animal.

El ratón con espejuelos,
de cuaderno el pavo real
y en la boca lleva el perro
una goma de borrar.

Caminito de la escuela,
pataleando hasta el final
la tortuga va que vuela,
procurando ser puntual.

Caminito de la escuela,
porque quieren aprender
van todos los animales
encantados de volver.

El camello con mochila,
la jirafa con su chal
y un pequeño elefantito
da la mano a su mamá.

No falta el león,
monos también,
y hasta un tiburón,
porque en los libros
siempre se aprende
cómo vivir mejor.

Caminito de la escuela,
apurándose a llegar
con sus libros bajo el brazo
va todo el reino animal.

Francisco Gabilondo Soler,
Cri-Crí

Terminan igual que...

Lee la canción *Caminito de la escuela* y encierra en un círculo
con azul las palabras que terminan igual que *animal*,
y con rojo las palabras que terminan igual que *león*.
Cuenta las palabras que subrayaste y anota las respuestas:

¿Cuántas palabras terminan en *al*?_____

¿Cuántas palabras terminan en *ón*?_____

Escribe las palabras que encontraste:

Terminan igual que *animal:* _____

_____

_____

_____

_____

Termina igual que *león:* _____

_____

_____

_____

_____

Escribe otras palabras que
conozcas y terminen como *león:* _____

_____

Lección 2
Teseo el renegón

Escribe tus comentarios sobre el cuento.

Lo que me gustó del cuento:

Lo que no me gustó:

Lo que me recordó este cuento:

Alegre, triste y enojado

Juega con tus compañeros de equipo.
Por turnos, deben decir una o varias de las siguientes oraciones
en tres formas: alegres, tristes y enojados. Quien lo haga mejor, gana.

Mañana empiezan las clases.

Cómete la sopa.

La maestra no va a venir.

Juegas conmigo.

Se descompuso la tele.

Hoy no habrá recreo

Estoy muy contento.

No estoy enojado.

Inventa más oraciones para seguir jugando.

Alguien a quien quiero mucho

Elige a una persona y describe por qué la quieres.

_____ es una persona
(Nombre)

a quien quiero mucho porque_____

_____

_____

_____

_____

_____

Dibuja a la persona que elegiste.

Piensa y actúa

Pega las palabras en orden y descubre cómo cambió
Teseo el renegón.
Compara tus oraciones con las de otro compañero.

13

Lección 3
Un día de pesca

Los problemas

Marca con una palomita (✓) las palabras que mencionen un problema.
Ejemplo:

El río está:

limpio.

sucio.

Las personas:

limpian el río.

tiran basura en el río.

Cuando no se cuida el río, el agua está:

limpia.

contaminada.

Problemas y soluciones

Con tu equipo escribe una lista
de los problemas de tu
localidad o de tu escuela.

Problemas de la _____.

Los problemas son: _____

_____

_____

_____

Escoge alguno de los problemas de la lista
y escribe acerca de él.

Problema: _____

_____.

Causa: _____

_____.

Solución 1: _____

_____

_____.

Solución 2: _____

_____

_____.

Un cuento para primer grado

Escribe las ideas para organizar tu historia.

Título:

_____

Cuándo: Dónde:

_____

Personajes:

Sucesos:

Al principio:

_____

Después:

_____

Al final:

¿Qué sacaron?

Escribe lo que sacó cada persona al limpiar el río.
Escribe una coma (,) después de nombrar cada cosa en tu escrito.
Anota una *y* antes de la última cosa que menciones.

Ejemplo:

1. Rubén pescó una botella, un huarache, un vaso y una lata.

2. _____

3. _____

4. _____

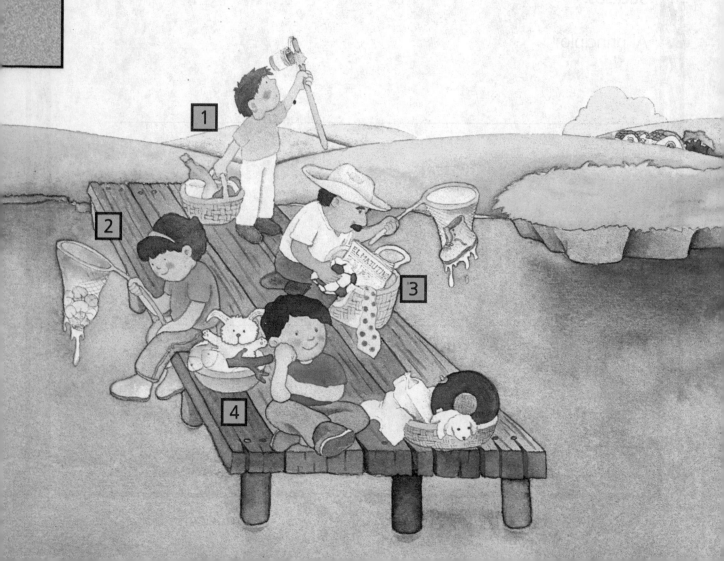

¡Qué risa!

Con tus compañeros cuenta chistes, adivinanzas y trabalenguas.
Aquí tienes algunos:

Chiste

¿Cuál es el pez que usa corbata?

El pescuezo

Trabalenguas

Cuando cuentes cuentos
cuenta cuántos
cuentos cuentas.

Adivinanzas

¿Qué es algo y nada a la vez?

El pez

¿Cuál es el pez más gordo?

El pesado

¿Qué pez cree que todo le va a salir mal?

El pesimista

¿Cuál es el peor de los peces?

El pésimo

Lección 4
Un regalo para Víctor

Regalo sorpresa

Imagina que un día recibes
un regalo sorpresa como éste:

¿Qué podría ser? _____

¿Qué te gustaría que fuera? _____

¿De qué tamaño sería? _____

¿De qué color? _____

¿Para qué serviría? _____

¿Qué partes tendría? _____

Dibuja el regalo que imaginaste.

Hola, ¿cómo estás?

Con un compañero completa esta conversación telefónica.

1. Hola, ¿cómo estás?

2. _____
   _____

3. ¿Por qué te enfermaste?

4. _____
   _____

5. ¿Cuándo irás a la escuela?

6. _____
   _____

1. Pues aquí, enfermo.

2. Tengo diarrea, fiebre
   y dolor de panza.

3. _____
   _____

4. A la clínica
   del Seguro.

5. _____
   _____

6. Adiós. Nos vemos en la escuela.

Memoricen el diálogo
y represéntenlo ante el grupo.
Decidan quién será el enfermo
y quién el amigo que llama.

¿Qué recetó el doctor?

Lee la receta y contesta las preguntas.

Dr. Ramiro Martínez López
Pediatra

Nombre del paciente: Emilio Díaz de León

Edad: 8 años

• Un frasco de jarabe Toselón.

Tomar una cucharadita cada 8 horas durante 5 días.

• Un frasco de gotas Mucoflán.

Tomar 12 gotas cada 6 horas durante 3 días.

Avenida de las Flores 613, Colonia Miramar. Chetumal, Quintana Roo.

Nombre del doctor: _____

Nombre del enfermo: _____

Medicinas que recetó: _____

_____

¿Qué cantidad de jarabe debe tomar? _____

¿Cada cuándo debe tomarlo? _____

¿Durante cuántos días debe tomarlo? _____

¿Cuántas gotas debe tomar? _____

¿Cada cuándo debe tomarlas? _____

¿Durante cuántos días debe tomar las gotas? _____

Escribe con letra cursiva el nombre y apellidos del doctor.

_____

El nombre y apellidos del paciente.

_____

Tu nombre y apellidos.

_____

Crucigrama de juguetes

Escribe el nombre de cada dibujo, recuerda anotar
sólo una letra en cada cuadrito.
Muestra tu crucigrama a un compañero.
Comparen sus respuestas.

Lección 5
La ratoncita tímida

Xóchitl y su amigo

Después de leer *La ratoncita tímida*, completa lo que falta.

Xóchitl era una ratoncita muy_____.

Cuando Xóchitl fue a la escuela, se sentó en el_____ lugar.

Xóchitl quería pasar al pizarrón, pero le dio_____.

A la hora del recreo, _____ invitaba a jugar a Xóchitl.

Xóchitl se acercó a la cabrita Lupe y le dijo: _____.

El maestro preguntó: ¿Quién sabe escribir_____?

El búho Quique pidió a Xóchitl que le enseñara a_____.

La mamá de Xóchitl se alegró de que su hija tuviera un_____.

Xóchitl y Quique se sentaron a_____ y a comer_____.

¿Cómo es un nuevo amigo?

Con tu compañera o compañero
platica cómo es un amigo o amiga
que hayas conocido recientemente:

¿Cómo se llama?

¿Dónde lo conociste?

¿De qué color es su cabello?

¿De qué color son sus ojos?

¿Qué estatura tiene?

¿Cómo es su carácter?

¿Qué te gusta de él (ella)?

Dibuja algo que hayas hecho con tu nuevo amigo.

Carta para Aída

Xóchitl escribió una carta a su prima Aída, pero no escribió las letras mayúsculas. Escribe con rojo las letras mayúsculas donde haga falta.

Recuerda escribir con letra mayúscula los nombres de personas y lugares, y después de punto y seguido o punto y aparte.

zacatecas, zac., 28 de febrero de 1998.

querida aída:

¡hola! voy a contarte de quique, mi mejor amigo de la escuela. lo conocí cuando me pidió que le enseñara a escribir y yo lo invité a mi casa. en mi casa comimos pastel y después jugamos serpientes y escaleras. salimos a jugar futbol con unos vecinos que se llaman beti, camilo, pati y mario. al otro día quique me invitó a jugar en el recreo con gonzalo, lupe y luis. ahora ya tengo muchos amigos. te mando un beso. escríbeme pronto.

tu prima, .

xóchitl

Los saludos

Observa las ilustraciones y escribe lo que diría cada quien al saludar:

¡Buenos días!   *¿Cómo estás?*   *¡Hola!*   *¿Cómo has estado?*

¿Cómo está usted?   *¡Qué tal!*   *¡Mucho gusto!*

Platica con un compañero cómo saludas a tus amigos, a tus tíos, a una persona cuando te la presentan.

Mis amigos

Con el alfabeto móvil de letra cursiva forma
los nombres de algunos de tus amigos.
Cópialos en esta página.

Mis amigos son :

Una carta

Escribe el borrador de una carta en la que platiques sobre un nuevo amigo. En tu libro recortable encontrarás un sobre para enviar tu carta.

_____
(Lugar y fecha)

_____
(Saludo)

_____

_____

_____

_____

_____

_____

_____
(Despedida)

_____
(Firma)

21

Lección 6
El viento travieso

El día que hizo mucho viento

Escribe algo que te haya sucedido en un día de mucho viento
o inventa una aventura graciosa que podría suceder.

Un día, cuando el viento estaba muy fuerte, _____

_____

_____.

Entonces yo_____

_____

_____.

Al final _____

_____

_____

Dibuja una ilustración para tu relato.

¿De qué se trató el cuento?

Subraya una de las tres respuestas
para completar cada oración, de acuerdo
con lo que pasa en *El viento travieso.*

1. Primero, el viento sopló tan fuerte, que…

los personajes corrieron.

los personajes perdieron sus cosas.

los personajes se divirtieron mucho.

2. Cuando el viento les voló sus cosas, ellos…

se rieron mucho.

se preocuparon.

se enojaron.

3. La segunda vez que el viento sopló…

les regresó sus cosas a todos.

les dio las cosas de otros.

les quitó sus cosas otra vez.

4. Al final, el único que quedó contento fue…

el viento.

el policía.

el rey.

Compara tus respuestas
con las de tus compañeros.

Las cosas que el viento voló

Escribe con letra cursiva las oraciones en el recuadro. Separa cada palabra.

Elbebé perdió subiberón.

El bebé perdió su biberón.

Unperro jugabacon lapelota.

Conelviento volólacorona delrey.

Elbigote pertenece alseñor.

Alpolicía lecayó unmoñoazul.

Elsombrero chistoso esdelaviejita.

Elantifazdel ladrónlecayó albebé.

Escribe en las líneas de abajo las cosas que el viento voló.
Recuerda usar la coma (,) para separar las palabras
de una enumeración.
Anota (y) antes de la última palabra de la enumeración.

_____

_____

_____

Instructivo para hacer un planeador

Haz un planeador y lánzalo
aprovechando el viento.

Material:
Un cuadrado de papel.
Colores de cera.

Pasos:

1. Colorea ambos lados del papel.

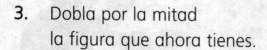

2. Dobla las esquinas superiores
del cuadrado hacia el centro.

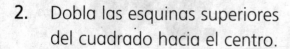

3. Dobla por la mitad
la figura que ahora tienes.

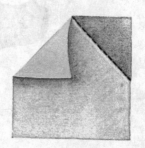

4. Para formar las alas
dobla diagonalmente
ambos lados de la hoja,
como lo muestra el dibujo.

5. Toma el planeador con las alas hacia arriba y lánzalo.

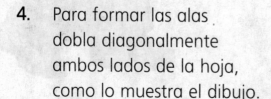

Otra travesura del viento

Imagina que eres el viento y soplas muy fuerte.

¿Qué cosa le darías a cada personaje?

Pega un objeto a cada personaje de manera que se vea chistoso.

Busca los objetos en tu libro recortable.

Compara tu trabajo con el de un compañero y platiquen

en qué se parecen y en qué son diferentes.

35

¿Ayuda o daña?

Lee la lista de algunas acciones que el viento puede realizar.

Mueve las nubes.
Causa huracanes.
Seca la ropa.
Arranca las hojas de los árboles.
Mueve las aspas de los molinos.
Causa tormentas de arena.
Mueve las velas de los barcos.

Escribe cada acción en la columna correspondiente.

Acciones que ayudan   Acciones que dañan

_____   _____

_____   _____

_____   _____

_____   _____

_____   _____

Lección 7
El perro y el lobo

¿Cómo es?

Dibuja el animal que te gusta.

Escribe en los recuadros las palabras que digan
cómo es el animal que más te gusta.
Puedes pedir ayuda a tus compañeros y a tu maestro.

Se llama: _____

¿Cómo es?

¿Dónde viven los animales?

Recuerda el cuento *El perro y el lobo* y responde las preguntas.

¿En dónde vivía el lobo? _____

¿En dónde vivía el perro? _____

¿Qué animales viven en un árbol?

¿Qué animales viven en el río?

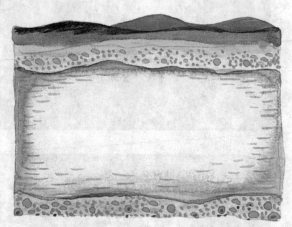

¿Qué animales domésticos
viven en el corral?

¿Qué animales viven
en las madrigueras?

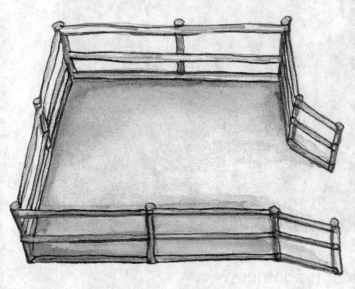

Comenta con tus compañeros lo que escribiste.

Cuidemos los bosques

Observa las ilustraciones y comenta con tus compañeros:

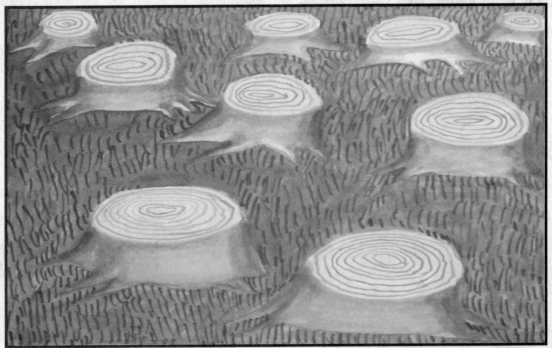

¿Qué harías para conservar y cuidar los bosques?

¿Por qué son importantes los bosques? ¿Qué bosques conoces?

Organiza una campaña en tu escuela para cuidar los árboles y las plantas.

Dime cómo son

Completa las oraciones usando las palabras de los cuadros.

| ágil |
| graciosa |

Una liebre _____ y _____ corre por el bosque.

| pequeña |
| astuta |

Una zorra _____ y _____ atrapa a su presa.

| bellas |
| frágiles |
| juguetonas |

Unas mariposas _____ , _____ y _____ vuelan alegremente.

| fuerte |
| grande |
| frondoso |

El árbol _____ , _____ y _____ da una sombra refrescante.

Lección 8
Los tres cochinitos y el lobo

La acusación

Cuando el lobo despertó de su desmayo,
los tres cochinitos acordaron
llevarlo al juzgado.
Ayúdalos a escribir una acusación
para notificar al juez los daños
que ocasionó.

Fecha: _____

Sr. Juez:

Acusamos al lobo de: _____

_____

_____

_____

_____

Firma: _____

Una historieta

Observa los dibujos y pega los textos en el globo correspondiente.
Después lee la historieta, invéntale un título y escríbelo en la línea.

La casa de los cochinitos

Los tres cochinitos viven juntos y colaboran en las tareas de la casa.

Platica con tu equipo cómo ayudas a mantener limpia
y arreglada tu casa. Después escribe qué tareas le corresponden
a cada uno de los miembros de tu familia.

A mí me toca _____

_____.

A mi mamá le toca _____

_____.

A mi papá le toca _____

_____.

A mis hermanos les toca _____

_____.

Lobo, ¿estás ahí?

Organízate con tu maestro y compañeros para jugar.

Instrucciones:

1. Aprendan la canción.
2. Escojan a la niña o niño que será *el lobo*.
3. Formen un círculo tomados de la mano y giren mientras cantan la canción.
4. Cuando pregunten *¿Lobo estás ahí?*, el lobo puede contestar lo que se le ocurra. Por ejemplo: *¡Me estoy bañando!*
   ¡Me estoy poniendo el pantalón!
5. Cuando el lobo conteste *¡Sí, aquí estoy!*, los perseguirá a todos para atrapar a alguien.
6. El que sea atrapado será el nuevo *lobo*.

Canción

Jugaremos en el bosque
mientras el lobo no está.
Porque si el lobo aparece
a todos nos comerá.
¿Lobo estás ahí?
¡Me estoy bañando!

Jugaremos en el bosque
mientras el lobo no está.
Porque si el lobo aparece
a todos nos comerá.
¿Lobo estás ahí?
¡Me estoy secando!

Jugaremos en el bosque
mientras el lobo no está.
Porque si el lobo aparece
a todos nos comerá.
¿Lobo estás ahí?
¡Me estoy vistiendo!

Jugaremos en el bosque
mientras el lobo no está.
Porque si el lobo aparece
a todos nos comerá.
¿Lobo estás ahí?
¡Me estoy peinando!

Jugaremos en el bosque
mientras el lobo no está.
Porque si el lobo aparece
a todos nos comerá.
¿Lobo estás ahí?
¡Sí, aquí estoy!

Sopa de letras

En la sopa de letras hay palabras que se parecen a las de la lista. Encuéntralas y escríbelas.

lobo _____

juguete _____   trabajo _____

comida _____   casa _____

r	r	r	r	r	l	r	r	r	r	r
s	s	s	s	s	o	s	s	s	c	s
l	l	t	r	a	b	a	j	a	d	o	r
r	r	c	a	s	i	t	a	r	r	m	r
j	u	g	u	e	t	ó	n	l	l	e	l
k	k	k	k	k	o	k	k	k	k	l	k
x	x	x	x	x	x	x	x	x	x	ó	x
z	z	z	z	z	z	z	z	z	z	n	z

Completa el texto con las palabras que encontraste en la sopa de letras.

El papá lobo quiere enseñar al _____cómo conseguir comida.

Primero intentan atrapar al cochinito más _____porque

es muy gordito y jugoso, pero lo encuentran en su _____.

Entonces el lobito ve una mariposa y quiere jugar con ella.

El pequeño es muy_____, por eso el papá lo regaña

y le dice que debe aprender a ser_____.

Lección 9
El gusano medidor

La sílaba perdida

Lee cada oración incompleta.
Escribe las sílabas que faltan en las palabras.

pájaros	bosques	canta	bonito	envidian
alto	clima	tronco	presumido	ruiseñor
cálidos	árbol	frío	delgadas	húmedos

El ár _____ tiene un _____ co grueso,

y _____ to, con muchas ramas _____ gadas.

En algunos bosques, el _____ ma es lluvioso

y _____ o. También hay bos _____ tropicales,

cáli _____ y húme _____ .

El _____ señor es un pájaro _____ sumido.

Can _____ muy _____ nito. Todos los _____ jaros

lo admiran y lo _____ vidian.

Yo opino

Escribe los nombres de los personajes principales del cuento *El gusano medidor*.

_____

_____

Escoge un personaje, dibújalo y escribe lo que piensas de él.

Personaje _____

Lo que me agradó fue _____

_____

Lo que no me gustó fue _____

_____

Lo que yo hubiera hecho en su lugar es _____

_____

¿Los conoces?

Adivina de qué animal se trata y pega la ilustración de tu libro
recortable en donde corresponde.

Tiene cuatro patas, posee una gran
fuerza y corre a gran velocidad.
Se alimenta de forraje y nace
de la yegua.

Es un _____.

Tiene dos patas, dos alas y un pico.
Vive en los árboles y canta todas
las mañanas.
Se alimenta de insectos y frutas.

Es un _____.

Es pequeño, se arrastra para
desplazarse. Carga sobre su cuerpo
una concha. Se alimenta de hojas.

Es un _____.

Es pequeño, tiene orejas largas,
cuatro patas, pelo sedoso.
Se alimenta de zanahorias y alfalfa.

Es un _____.

¿Cuántas oraciones hay?

Lee el párrafo. Localiza las oraciones y sepáralas con un punto.

El zorro es un animal muy astuto Caza para comer Durante
el día descansa

Escribe cada oración al lado de un cuadro. Recorta y pega
las imágenes en donde corresponda.

_____

_____

_____

_____

_____

_____

La conferencia

Organiza con tus compañeros una conferencia.
Platiquen y pónganse de acuerdo para saber:

¿Quién o quiénes darán la conferencia?

¿Cuál es el tema que van a exponer?

¿Qué materiales van a utilizar?

Después de platicar con tus compañeros, escribe en los recuadros
los acuerdos que tomaron.

Más vale pájaro en mano...

Piensa algunos nombres de pájaros que conozcas.
Escríbelos en las columnas. Utiliza letra script y *letra cursiva*.

Nombres de pájaros

Letra script   *Letra cursiva*

_____   _____

_____   _____

_____   _____

_____   _____

_____   _____

Ilumina estos pájaros y escribe su nombre con letra cursiva.

_____   _____

Lección 10
El lápiz mágico

Lo que me sucedió

Dibuja un sueño o una aventura que hayas tenido e ilumínalo.

Platica a tus compañeros tu sueño o tu aventura y escucha las de ellos.

Un sueño interesante

Lee el relato con atención y después realiza la actividad
de la siguiente página.

La moneda de oro

Anoche soñé que mi papá, de cumpleaños, me regalaba
una moneda de oro. Yo iba muy contenta con ella por la calle,
cuando se me cayó y se fue por una alcantarilla; entonces me puse
a llorar. De repente escuché un zumbido, me acerqué a una flor,
en donde estaba pegada una abeja. La ayudé a despegarse
y en recompensa la abeja me dijo: "Voy a regalarte un poco
de polen y cuando lo frotes podrás volverte chiquita como yo".

   Me acordé de mi moneda perdida, froté el polen
con los dedos y me volví del tamaño de la abeja
para meterme a la alcantarilla. Entonces tuve otro problema:
como yo era tan chiquita, ahora la alcantarilla era un pozo
enorme para mí.

   Comencé a llorar y gritar, a ver si alguien me ayudaba.
Tanto grité, que uno de mis gritos me despertó. Me dio
tristeza pensar que la moneda de oro sólo había
sido mía durante el sueño, pero también
me alegré de no haberme quedado
para siempre del tamaño de una abeja.

La moneda de oro

Escribe en orden las cosas que sucedieron en el relato de la página anterior. Recuerda poner sólo lo indispensable.

Comenta tu trabajo con tus compañeros.

Primero:

Después:

Por último:

Las palabras perdidas

Fíjate con qué letra empieza cada palabra del cuento
y escríbela en el lápiz que corresponda.

Carlota   *aventura*   *mágico*   *escribir*
lápiz   *goma*   *historia*   *fantástica*

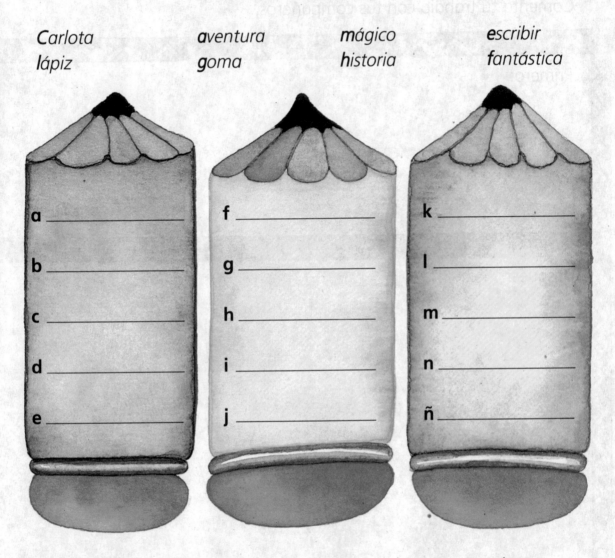

a _____   f _____   k _____

b _____   g _____   l _____

c _____   h _____   m _____

d _____   i _____   n _____

e _____   j _____   ñ _____

Escribe en las líneas que quedaron vacías palabras que empiecen
con la letra señalada.
Lee las palabras que escribiste en orden alfabético y contesta
las siguientes preguntas:

1. ¿Cuál es la primera letra del alfabeto? _____.

2. ¿Qué palabra está antes de *goma*? _____.

3. ¿Qué palabra está después de *goma*? _____.

El lápiz mágico

Observa las ilustraciones.
Busca las oraciones en tu libro recortable y pégalas debajo
de la ilustración que corresponda.

49

Nariz de codorniz

Lee en voz alta estas palabras y fíjate cómo terminan:

codorn**iz**   M**arta**   s**ueño**   viol**ín**

nar**iz**   c**arta**   d**ueño**   delf**ín**

Escribe los finales a las palabras incompletas:

ho**ja**   p**ez**   Ra**úl**   esc**uela**

pelirro_____   nu _____   ba _____   ab _____

ball**ena**   t**uerta**

sir _____   p _____

Escribe los finales de este poema:

La petenera

Andándome yo pase**ando**

en una lancha pesqu**era**

mira lo que fui encontr_____

debajo de una palm _____

dos sirenitas cant _____

el son de La peten _____

Lección 11
Rescate en el desierto

Una aventura peligrosa

Entrevista a un compañero acerca de la aventura más emocionante que le haya sucedido (la aventura puede ser inventada).
Puedes hacerle preguntas como las siguientes:

¿Qué te sucedió?

¿Cuándo y dónde sucedió?

¿Cómo sucedió?

¿Qué sentiste?

¿Qué hiciste?

Escribe otras preguntas que quieras hacerle:

¿ _____ ?

¿ _____ ?

¿ _____ ?

Relato de una aventura

De acuerdo con la entrevista que realizaste, escribe cómo ocurrió la aventura de tu entrevistado.

Al principio:

Después:

Al final:

Lo que encontré en el periódico

El periódico que leí se llama: _____

Era del día: _____

Encontré un anuncio de: _____

Encontré una noticia sobre: _____

_____

Encontré una foto de: _____

También encontré: _____

Nombre
del periódico

Fotografía

Fecha

Encabezado
de noticia

Anuncio

Nuestras Noticias

Martes 25 de mayo de 1998.

Yo quería que nos salvaran...

• *Eloy García cuenta su aventura en el desierto* •

Rescate en el desierto
La semana pasada cayó una pequeña avioneta en el desierto de Sonora. La avioneta se dirigía a la ciudad de Mexicali y era piloteada por el capitán Damián García, acompañado de su sobrino, Eloy García, de nueve años.
Tras varios intentos de comunicarse por radio sin resultados, el padre de Eloy, Fernando García, dirigió al equipo de rescate a bordo de un helicóptero.
Gracias a la intervención del niño, quien con señas alertó al helicóptero, lograron rescatar a Eloy y al capitán Damián García.

Entrevista a Eloy García
Reportero: Eloy, estamos muy interesados en saber cómo fue el accidente y cómo se salvaron tu tío Damián y tú.
Cuéntanos primero por qué viajabas en la avioneta.
Eloy: Mi tío me invitó a acompañarlo en su viaje. Yo les rogué a mis papás que me dieran permiso y ellos dijeron que sí.
Reportero: ¿Habías viajado antes en avioneta?
Eloy: Sólo una vez, en otro viaje con mi tío. Pero esa vez no pasó nada.

Reportero: ¿Cuándo te diste cuenta de que algo iba mal?
Eloy: Cuando mi tío me dijo que no me asustara. Me avisó que íbamos a hacer un aterrizaje de emergencia. Yo vi que una hélice dejó de funcionar.
Reportero: ¿Y no te asustaste?
Eloy: ¡Sí, mucho! Tenía miedo del aterrizaje y de que nos pasara algo. También sabía que en el desierto no había gente que nos ayudara.
Reportero: ¿Cómo fue el aterrizaje?
Eloy: Empezó a salir mucho humo del motor. ¡La avioneta se sacudía

muy fuerte! Me sentí mareado. Creí que nos íbamos a estrellar y cerré los ojos. Cuando los abrí ya estábamos sobre una carretera abandonada.
Reportero: ¿Qué hicieron tú y el capitán García después del aterrizaje?
Eloy: Yo no quería salir de la cabina. Mi tío sacó una caja de herramientas para componer el motor.

**Se esperan
lluvias intensas**
Pasa a página 30

**Triunfa la
selección 3-0**
Pasa a página 45

ALQUILER
Se alquilan los juegos
más emocionantes
y divertidos.

Compu Alquiler S.A. de C.V.

Animales del desierto

Completa los nombres de los animales del desierto.

codorni ___   lechu ___ a   mur ___ iélago

lin ___ e   ___   coyote ___   ___ ___ erpiente ___   ___

Completa las oraciones.
Ejemplo: Las pequeñas codornices siguen a la mamá codorniz.

Para protegerse, la _____ hace su nido en los cactus.

El _____ parece un ratón con alas.

El _____ es un hábil cazador.

Los _____ son animales que se parecen a los lobos.

La _____ vive bajo las rocas.

Observa que el mismo sonido /s/ puede representarse con letras distintas: s, c y z.

Lección 12
Una noche de espanto

El aviso veloz

Lee los avisos y platica con un compañero cuál te gustó más y por qué. Observa en qué son diferentes.

ALQUILER
Para niñas y niños muy activos.

Se alquilan los juegos más emocionantes y divertidos.

¡Tú puedes vencer dragones, cazar fantasmas   o acabar   con los malos!

Tel. 834 47 14

Alquiler
Se alquilan los disfraces más terroríficos para tu fiesta.

- ◆ Vampiros
- ◆ Brujas
- ◆ Dragones
- ◆ Fantasmas

Y mucho más.
¿Te atreves?

Calle del Espanto, núm. 7.
Abierto por las noches.

$50 por semana.

GRAN VENTA DE MASCOTAS

¡Anímese!

Contamos con víboras que caminan paradas, changos, murciélagos y gusanos voladores.

Calle Selva Tropical, esquina con Río Hondo.

Venta

Finos balones de futbol para anotar los mejores goles.

Los precios más bajos del mercado.

Señor Pérez
Tel. 3 74 82

Mi aviso

Con ayuda de tu equipo, escribe un aviso para vender algo.

A V I S O

_____

Título o encabezado

_____

Nombre del artículo que quieres vender

_____

_____

_____

Descripción

_____   _____

Vendedor   Domicilio

Así son

Describe las imágenes usando las palabras del recuadro.
Fíjate en el ejemplo.

gruñón	*traviesos*	*pequeño*	*bonito*
juguetón	*grande*	*pequeños*	*gris*

El gato negro es <u>pequeño</u>
y <u>bonito</u>.

Los fantasmas son _____

_____.

El fantasma es _____

_____.

El ratón es _____

_____.

Las palabras que usamos para decir cómo son las personas, animales
y cosas se llaman *adjetivos*.

Otro cuento

En esta página y en la siguiente, pega las imágenes de tu libro recortable en orden, inventa un cuento y platícalo al grupo.

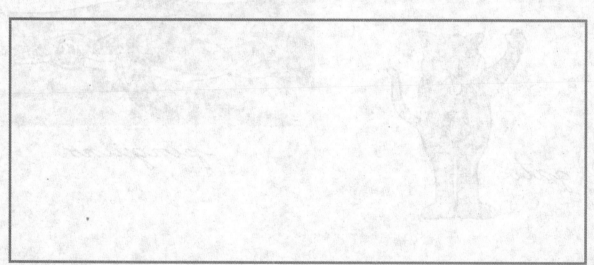

43 - 45

Lección 13
La fiesta de don Gato

¿Sabes de quién se trata?

Lee con un compañero y completa los textos con estas palabras:

guitarra

tortuguita

agua

gato

pingüino

El _____ invitó a los animales a una fiesta.

Por caminar lentamente, la _____ entregó la invitación

un año después; por eso sintió vergüenza.

Los animales cantaron acompañados de su _____.

El _____ no fue a la fiesta de los animales porque

estaba nadando en el _____.

Un vestuario divertido

Dibuja tu personaje con el vestuario que más te guste.
Describe tu vestuario a un compañero.

Animales graciosos

Lee nuevamente el cuento en tu libro de lecturas.
Observa las imágenes de tu libro recortable, recórtalas
y pégalas donde corresponda.
Después, escribe las palabras que faltan.

El _____ hizo una invitación para su _____.

La tortuga y _____ tortuguitas _____ despacio.

El pingüino y _____ pingüinitos _____.

47

Animales graciosos

Los puntitos sobre la *u* en *güe* y *güi* indican que la *u* sí se pronuncia.

Dos _____ nadan en el _____ .

El _____ , la _____ y ____ _____ están bailando.

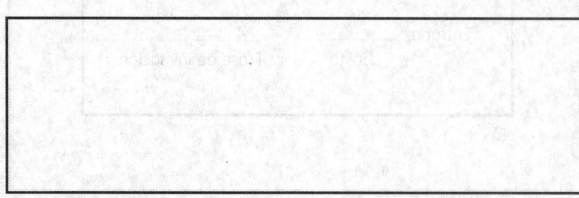

Un _____ _____ cantando con mucho gusto.

47

Gran función de teatro

Escribe un cartel para invitar a otras personas a la función.
Adorna el marco.

Nombre de la obra

Grupo de alumnos

El día _____ , en _____
          Fecha   Lugar

Entrada: _____   _____
          Costo   Frase de invitación

¿Se pronuncia la *u*?

Platica con un compañero sobre cómo se escriben los nombres
de estos dibujos.
Escribe los nombres.

tres _____

un _____

dos _____

una _____

Platica con el grupo en qué palabras se pronuncia la *u* y en cuáles no.

Lección 14
El maíz, nuestro alimento

Del maíz a la tortilla

Observa las ilustraciones y explícale a un compañero
de dónde salen las tortillas.

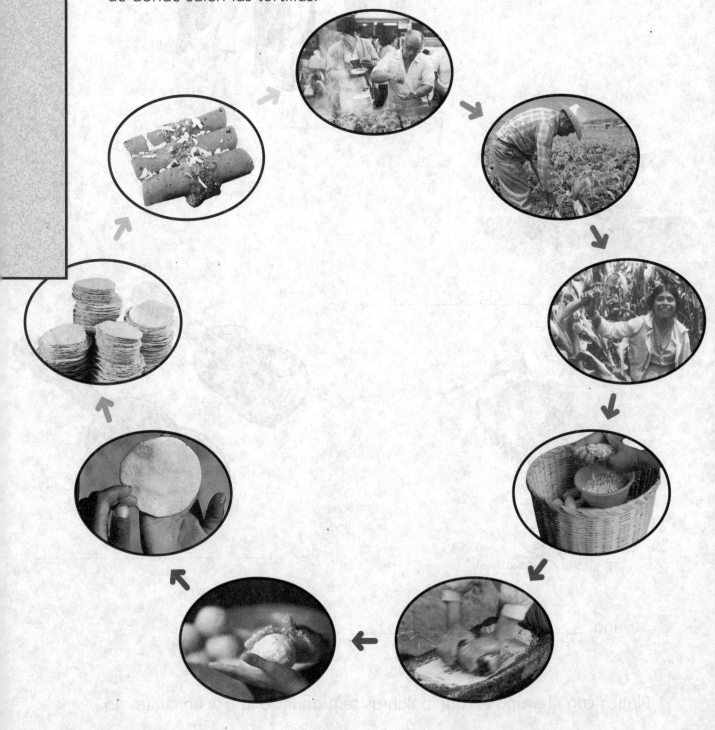

Mmm... ¡Qué rico!

¿Cuáles de estos alimentos acostumbran comer
en la localidad donde vives?
Platica con un compañero sobre las recetas que conozcan
para preparar estos alimentos.

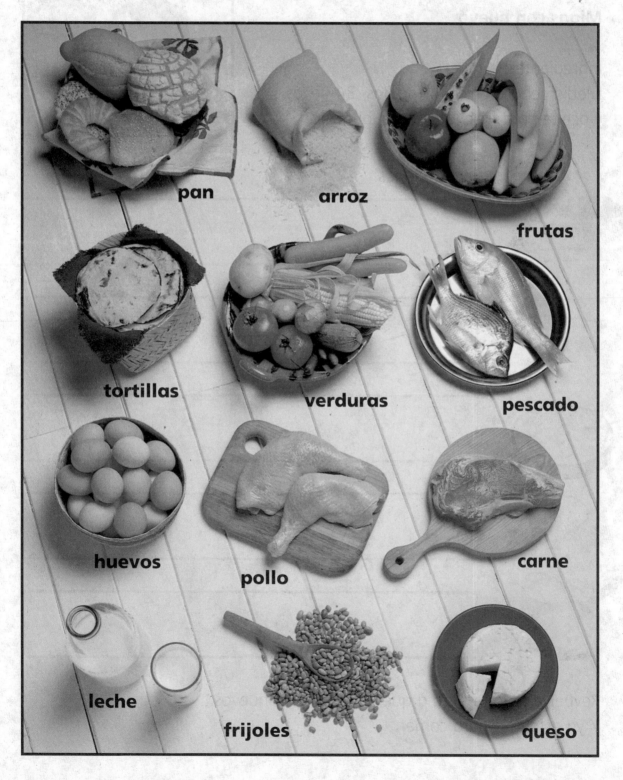

pan

arroz

frutas

tortillas

verduras

pescado

huevos

pollo

carne

leche

frijoles

queso

¿Qué hay para desayunar?

Descubre cómo hacer un rico desayuno. Observa las ilustraciones.
Al lado de cada una pega la oración que corresponda. Encuéntralas
en tu libro recortable.

Migas con huevo

Ingredientes:
Media cebolla chica, 4 tortillas, 3 huevos
y aceite para freír. Chile y sal al gusto.

Instrucciones:

49

Revuelve todo, espera a que se cuezan los huevos...
Y ya está listo para comer.

Pásame la receta

Elige con tus compañeros de equipo un platillo que les guste. Cada uno escriba la receta en este esquema.

Nombre del platillo: _____

Ingredientes:

_____

_____

_____

_____

Instrucciones:

_____

_____

_____

_____

Investiga qué es el *pinole*, cómo se hace y cómo se come.

Haciendo la comida

¡Qué ricos guisados, ensaladas y postres! Pero…
¿Sabes todo lo que hay que hacer para preparar la comida?
Señala con una línea cada acción.

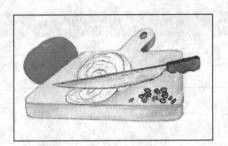

picar

amasar

rallar

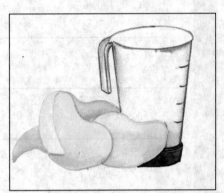

asar

moler

freír

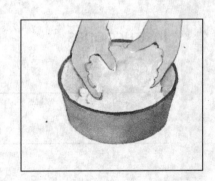

hervir

colar

Lección 15
El niño de hule

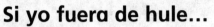

Si yo fuera de hule...

Escribe las cosas que harías si fueras de hule.

En mi casa, yo _____

_____ .

En el recreo, yo _____

_____ .

En el salón de clases, yo _____

_____ .

Dibuja alguna de las cosas que harías.

Y tú, ¿qué harías?

Forma un equipo con dos compañeros o compañeras. Imagina que:

Alguien se cae en la calle o en la escuela.

Tienes un juguete que nadie más posee.

Sabes dibujar muy bien, escribes con letra muy bonita o puedes cocinar algo muy sabroso.

Alguien va cargando muchas cosas.

Discute con tus compañeros lo que harías en cada uno de los casos.

Animales que se estiran

Pega los animales fantásticos en el cuadro que les corresponda.

Ejemplo: estirafa

estira y **jirafa**
_____ y _____

hulefante

_____ y _____

ligartija

_____ y _____

resorteronte

_____ y _____

elasticodrilo

_____ y _____

Estos animales se parecen porque _____

_____

¿Qué es el hule?

Investiga en libros o revistas.

¿Qué es el hule?

¿De dónde se obtiene?

¿Para qué sirve?

¿Qué cosas se pueden fabricar con hule?

Platica a tus compañeros lo que investigaste acerca del hule.

Escribe los nombres de los libros o de las revistas que consultaste.

Comparaciones

En los recuadros encontrarás las palabras que faltan.
Observa el dibujo y completa las oraciones.

| la más divertida | | que | | más | | menos | | más alto que |

El policía es _____ gordo _____ la señora.

Subirse a la rueda de la fortuna es _____ divertido _____

subirse al carrusel.

Hay _____ globos _____ niños.

La casa del terror es _____ de todas.

El payaso es _____ todos los visitantes de la feria.

Lección 16
El sueño de volar

Viajando en avión

Observa este boleto de avión
y contesta las preguntas.

AEROMEX — Boleto de viaje

Nombre del pasajero
Hernández Brenda

Clave de aerolínea
AX9678

De
Villahermosa

Fecha
Abr., 16, 1999.

A
México

Hora
17:30

Tarifa
$ 1 200.00

132 2112429718 0

Cupón
de equipaje

¿Cómo se llama el pasajero? _____

¿De dónde sale y a dónde va? _____

_____

¿Cuándo y a qué hora será el viaje? _____

¿Cuánto cuesta el pasaje? _____

¿Para qué servirá este boleto? _____

¿Qué se ve desde un avión?

Encuentra y colorea lo siguiente:

la escuela   el parque   el cerro
las canchas   la iglesia   la laguna
la plaza   el bosque   la presidencia municipal

Platica con un compañero qué lugares podrías ver
si volaras en avión sobre tu comunidad.

Relato de un viaje imaginario

Imagina un viaje y escribe tu relato.

Título _____

Voy a contar _____

Primero _____

Yo iba _____

Desde las alturas pude ver _____

_____

Cuando llegamos a _____

encontré _____

y me di cuenta de que _____

_____

Después del viaje _____

_____

_____

Las partes de un avión

Las principales partes de un avión son:

Fuselaje: cuerpo del avión.
Alas: partes del avión que están a los lados y le sirven para equilibrarse.
Timón: cola del avión.
Turbina: motor del avión.
Cabina de mando: lugar desde donde el piloto controla el avión.
Cabina de pasajeros: lugar donde viajan las personas.

Busca en tu libro recortable las partes del avión y pégalas
en el lugar del dibujo que les corresponda.
Escribe los nombres de las partes junto a ellas.

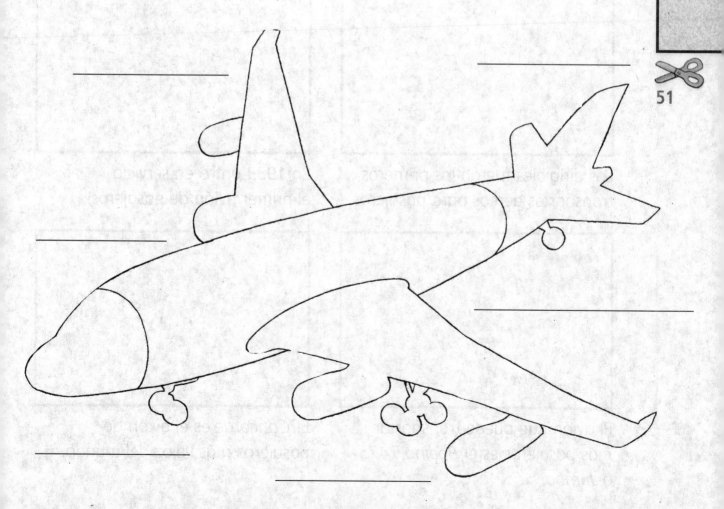

51

¿Cómo han cambiado los aviones?

Pega las ilustraciones donde corresponda y platica
con un compañero sobre los aviones:

Para volar su planeador los
hermanos Wright se acostaban
sobre el fuselaje.

El primer avión con motor
fue el que construyeron
los hermanos Wright.

53

Los dirigibles fueron los primeros
transportes aéreos para pasajeros.

En 1933 entró en servicio
el primer avión de pasajeros.

El avión que puede transportar
más pasajeros es el *Boeing 747*
o *Jumbo*.

El *Concorde* es el avión de
pasajeros más veloz del mundo.

Lección 17
La jacaranda

Un final diferente

¿Te acuerdas del cuento *La jacaranda*? Lee los textos y observa las ilustraciones. Escribe un final diferente e ilústralo.

Los árboles del parque estaban de fiesta, todos tenían hojas verdes y brillantes.

—¡Señor Sol! —gritó el hada Azulita—. ¿Puede usted darle uno de sus rayos a la jacaranda?

Después el Sol le dio luz y calor. Poco a poco aparecieron hermosas florecitas que llenaron las ramas de la jacaranda.

Dibújame

Conversa con tu compañero sobre los personajes que más te gustan del cuento *La jacaranda* y dibújalos.

La entrevista

Imagina que vas a entrevistar a alguien especial.
Escribe cinco preguntas que le harías.

_____

Nombre de la persona entrevistada

1.

2.

3.

4.

5.

Los signos de interrogación (¿?) sirven para hacer preguntas en forma escrita.

Gisela

Lee y observa la ortografía del siguiente texto.

Gisela es una niña muy intelijente.
En la escuela esta en el mismo grupo que yo.
Gisela tiene que acer mucho esfuerzo porque
no be vien pero es muy hábil con las manos
y puede hacer ermosos jirasoles de papel.
Ella reconoce los savores y los olores mejor que los demás.
Todos los niños la ceremos mucho.

Escribe correctamente las palabras que están mal escritas.

Escribe el párrafo correctamente.

Escribe lo contrario

Lee las oraciones y escribe con letra *cursiva* la palabra contraria.

1. Los árboles del parque estaban secos.

2. Los árboles del parque

estaban _____.

1. Sólo la jacaranda se veía bonita.

2. Sólo la jacaranda

se veía _____.

1. La jacaranda sintió seguridad.

2. La jacaranda sintió _____.

1. Todos los árboles se entristecieron
al ver a la jacaranda.

2. Todos los árboles se _____
al ver a la jacaranda.

Lección 18
Ranas y sapos

El que busca encuentra

Encuentra las diez palabras que están escondidas.

```
X   A   L   I   M   E   N   T   O   X   X   X
C   H   A   R   C   O   X   C   A   N   T   O
X   X   A   N   F   I   B   I   O   S   X   X
X   X   X   X   R   E   P   T   I   L   X   X
S   A   P   O   S   X   X   A   G   U   A   X
X   X   P   E   G   A   J   O   S   A   X   X
V   E   N   E   N   O   X   X   R   A   N   A
```

Escribe las palabras que encontraste:

¿Qué sabes de mí?

Busca en libros y revistas información sobre un animal que te interese.
Escribe con letra *cursiva* lo que investigaste:

Se llama: _____ .

Vive en: _____

_____ .

Nace de: _____

_____ .

Cuando nace es: _____

_____ .

Los cambios que tiene al crecer son: _____

_____

_____ .

Se alimenta de: _____

_____

_____ .

El sapo y la rana

Lee la canción y el poema.

La ranita (canción)

Ranita, ranita,
ya empieza a llover.
Qué alegre y contenta
te vas a poner.
Un lago muy grande
quisiera tener
en donde pudieras
nadar a placer.
Tu canto, ranita,
me agrada escuchar.
Y me gusta verte
nadar y saltar.
No temas mi mano,
no te ha de dañar.
Tan sólo quiero
contigo jugar.

Leonardo Lis

El sapito glo glo glo (poema)

Nadie sabe dónde vive.
Nadie en la casa lo vio.
Pero todos escuchamos
al sapito glo glo glo…

¿Vivirá en la chimenea?
¿Dónde el pillo se escondió?
¿Dónde canta cuando llueve,
el sapito glo glo glo…?

¿Vive acaso en la azotea?
¿Se ha metido en un rincón?
¿Está abajo de la cama?
¿Vive oculto en una flor?

Nadie sabe dónde vive.
Nadie en la casa lo vio.
Pero todos escuchamos
cuando llueve: glo glo glo.

Juan Sebastián Tallón

Canta la canción con tu equipo o recita el poema para tus compañeros.

Carro-caro

Lee en voz alta las siguientes palabras.

hurra	reptiles	barril	churro
araña	rueda	Carolina	pera
zorro	corre	rama	garras
dorado	chamarra	feroz	guerrero
ira	torre	toro	verrugas
renacuajo	colores	terrible	aroma
mirada	jarrito	Rómulo	Esperanza

Escucha cómo suenan la *r* y la *rr* en cada caso.
Fíjate en los ejemplos y escribe cada palabra donde corresponda.

pera	hurra	reptiles

Lección 19
La adivinanza

¿Adivina qué es?

Descubre el nombre de los dos animales y juega a cambiar
las sílabas.
Comienza por la sílaba que está escrita en la primera línea.
Ilumina los dibujos.

dri	co	lo	co
co	___	___	___
lo	___	___	___
co	___	___	___

gar	ti	ja	la
ti	___	___	___
ja	___	___	___
la	___	___	___

Lee a tu compañero las palabras que formaste.

Los animales que nos ayudan

Conversa con tus compañeros sobre los animales que conozcas.
Comenta cuáles están domesticados y ayudan al hombre en su trabajo.
Ilumina los dibujos.

Sobre líneas

Escribe una letra sobre cada línea para que puedas leer los nombres de los siguientes animales: burro, cabra, caballo, mula, camello, elefante, chiva y borrego.
Fíjate en el ejemplo:

d r o m e d a r i o

c __ __ r __

b o __ __ __ __ __

c __ m __ __ __ __

e __ e __ __ __ __ __

d __

m __ __ a

b __ r __ __

c __ i __ __

c __ __ __ __ __ o

Lección 20
El girasol

La florecita amarilla

Encierra las palabras que se parezcan en el significado
a las palabras señaladas. Fíjate en el ejemplo:

1. La florecita amarilla era muy *pequeña*.

   chica   grande   alta

2. La florecita comprendió que ya no podía sostenerse *derechita*.

    elegante   erguida   agachada

3. La florecita se sintió muy *triste*.

    alegre   contenta   apesadumbrada

4. La flor muy *apenada* le confesó al Sol lo que había pasado.

    entusiasmada   ilusionada   avergonzada

5. Los girasoles *giran* su corola siguiendo la trayectoria del Sol.

    señalan   alejan   mueven

Las palabras que tienen un significado igual o parecido
se llaman *sinónimos*.

Para obtener más flores

Lee el instructivo y responde las preguntas.

Instructivo para abonar la tierra con *Floralinda*.

Las plantas florales necesitan algunos cuidados que usted puede proporcionarles siguiendo los pasos que aquí se indican:

1. Antes de abonar sus plantas con *Floralinda*, remueva la tierra donde estén sembradas. Conviene que sea una mezcla de tierra negra y de tierra de hojas secas.
2. Entierre un pastilla de *Floralinda* a poca profundidad y cerca de la orilla de la maceta, para que la pastilla no toque las raíces de la planta.

3. Riegue cada tercer día.
4. Si la planta es de sol, manténgala al aire libre o en un lugar soleado.
5. Si está sembrada en el suelo o la maceta es grande, agregue otra pastilla.

Use *Floralinda* cada mes y notará que sus plantas florecen más.

1. ¿Qué es *Floralinda*? _____.

2. ¿Para qué plantas sirve *Floralinda*?_____.

3. ¿Qué se debe hacer con la tierra antes de abonarla con *Floralinda*?

_____.

4. ¿Cuántos pasos marca el instructivo?_____.

5. ¿De quién reciben las plantas luz y calor?_____.

6. ¿Qué tierra hay que mezclar con la de hojas secas?_____.

Instrucciones para...

Escribe un instructivo junto con tu equipo.

Instrucciones para: _____

_____

_____.

Material: _____.

_____.

Pasos:

1.

2.

3.

Piensa lo contrario

Dibuja y escribe lo contrario. Utiliza letra *cursiva*.

Un girasol *grande*.

Un girasol _____.

Muchos girasoles.

_____ girasoles.

Un girasol *alto*.

Un girasol _____.

Las palabras que significan lo contrario se llaman *antónimos*.

Otro girasol

Ordena y pega las ilustraciones de tu libro recortable
para inventar un cuento.

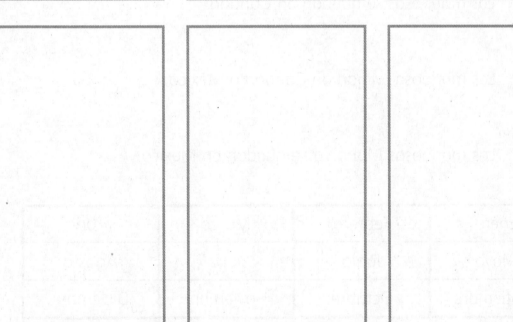

61

Narra el cuento a tus compañeros.

Leer y compartir

Lección 21
Las mariposas Monarca

El gran viaje

Lee el texto y colorea el calendario de acuerdo con la información.

1. Las mariposas Monarca viajan durante abril, mayo y junio de México a Canadá.

2. En Canadá se quedan dos meses: julio y agosto.

3. Antes de empezar el invierno regresan a México. Este viaje dura tres meses: agosto, septiembre y octubre.

4. Llegan a México en noviembre y se quedan hasta marzo.

Las mariposas viajan de México a Canadá.

Las mariposas se quedan en Canadá.

Las mariposas viajan de Canadá a México.

Las mariposas Monarca se quedan en México.

Enero	Febrero	Marzo	Abril
Mayo	Junio	Julio	Agosto
Septiembre	Octubre	Noviembre	Diciembre
Enero	Febrero	Marzo	Abril
Mayo	Junio	Julio	Agosto
Septiembre	Octubre	Noviembre	Diciembre

Mariposas Monarca

Explica con tus palabras el viaje de las mariposas Monarca.
Escribe aquí tu borrador.

Salen de Canadá.

Vuelan durante tres meses.

Llegan a los bosques de México.

Se quedan tres meses y regresan
a Canadá.

¿Qué hacen las mariposas Monarca?

Cuando llegan a México, las mariposas Monarca viven y se alimentan en los bosques de oyameles. Después duermen dos o tres meses y cuando despiertan revolotean.

Las palabras escritas en color verde nombran acciones.
Las palabras que nombran acciones se llaman *verbos.*

Escribe con letra *cursiva* una lista de lo que más les gusta hacer a los niños y haz un dibujo para cada acción.

_____

_____

_____

_____

_____

_____

_____

Mi viaje más largo

Entrevista a un compañero acerca del viaje más largo que haya hecho.

Cosas que le puedes preguntar:

¿Cuál ha sido su viaje más largo?

¿A dónde fue y con quién?

¿En qué viajó?

¿Qué había en ese lugar y cómo era?

¿A quién conoció en ese viaje?

¿Le gustaría volar?

Sugerencias para la entrevista:

Escucha con atención.

Espera tu turno para hablar.

Pide que tu entrevistado te aclare y amplíe algo que te haya interesado o que no hayas comprendido bien.

¡No destruyan nuestra casa!

Junto con un compañero lee este texto que trata
de los bosques donde viven las mariposas Monarca.
Encierra en un círculo las palabras que no están empleadas
correctamente y corrígelas.

¡No destruyan nuestra casa!

Algunos leñadores (cortan) árboles para vender leña
y tener dinero para vivir. Pero muchos no sabe que
si los bosques se acaba, las mariposa
no tendrán dónde vivir.

Los árbol se cortan con hacha o con sierra de motor.
Las sierras son máquina que cortan muy fácil la madera.

Con una sierra de motor, una sola persona
pueden destruir un bosque completos
en pocos días.

No sólo los leñador cortan árbol. También hay
dueños de aserraderos muy ricos que mandan
cortar árboles para vender la madera
y ganar muchos dinero.

Si las mariposa pudieran hablar,
seguro les diría: ¡Queremos vivir!
¡No destruyan nuestra casa!

Lección 22
Juan sin Miedo

¿Quién es quién?

Pega las imágenes de tu libro recortable en orden alfabético
según la letra inicial de los nombres que tienen al reverso.

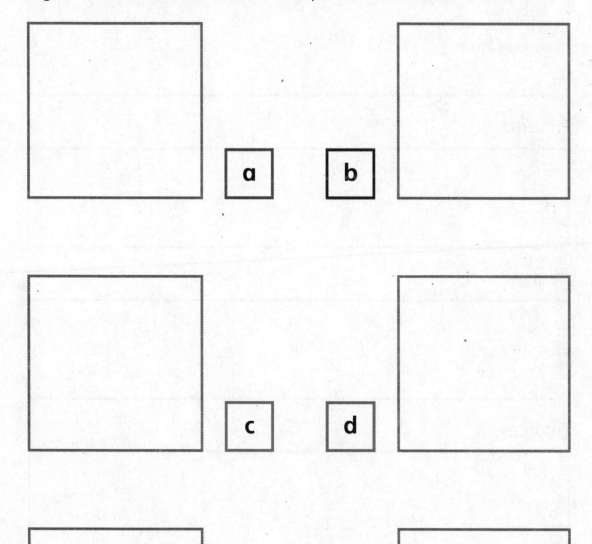

a   b

c   d

e   f

75

Ordena las partes del cuento

Busca en tu libro recortable los textos donde se encuentran
las partes principales del cuento *Juan sin Miedo*.
Recórtalos y pégalos en esta página en el orden correcto.

Problema:

Primero:

Después:

75

Entonces:

Al final:

¿Cómo es Juan sin Miedo?

Colorea las imágenes. Platica con tu compañero qué imágenes describen mejor la valentía de Juan sin Miedo.

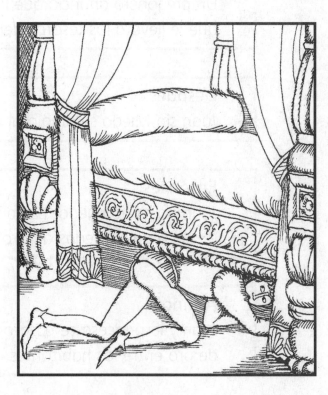

Transforma el cuento

Decide qué cambiarás del cuento y escríbelo en tu cuaderno.

Título:
Juan sin Miedo.

Personaje principal:
Juan.

Lugares:
Pueblo, castillo encantado.

Problema:
El rey Jorge estaba muy preocupado porque su única hija sólo quería casarse con el joven más valiente.

Primero:
Un pregonero anunció que la princesa se casaría con el joven que le llevara los tesoros del castillo encantado.

Después:
Juan sin Miedo se dirigió al castillo encantado.

Entonces:
Juan no sintió miedo. Las brujas y los fantasmas le dieron a Juan un saco de monedas de oro.

Al final:
Juan y la princesa se casaron y repartieron todas las monedas de oro entre los habitantes del reino.

Una invitación

Lee esta invitación. Coméntala con tu equipo.
Responde las preguntas.

Invitación a los alumnos

Te invitamos a una fiesta de disfraces.
Es seguro que nos divertiremos mucho.
La fiesta será en el jardín,
frente a nuestra escuela.

Comenzará a las 4 de la tarde,
el sábado 13 de febrero.

Inventa tu disfraz. **¡No faltes!**
Habrá premios para los tres mejores disfraces.

Los maestros.

Preguntas:

¿Para qué es la invitación? _____.

¿Quiénes la escribieron? _____.

¿Qué se necesita para ir a la fiesta? _____.

¿En qué lugar será la fiesta? _____.

¿Cuándo? _____.

¿De qué te gustaría disfrazarte? _____.

Leer y compartir

Lección 23
El día que amaneció dos veces

Causas y consecuencias

De acuerdo con lo que leíste en *El día que amaneció dos veces*, piensa cuál fue la causa de estos sucesos y escríbela.

¿Qué pasó? (consecuencia)	¿Por qué? (causa)
El Sol dejó de alumbrar	**porque** la Luna lo tapó.
Doña Came estaba muy asustada	**porque** _____
	_____

Las personas no debían mirar directamente al Sol	**porque** _____
	_____
Cuando el cielo se oscureció, unos se tomaban de las manos y otros reían	**porque** _____
	_____

Un espectáculo increíble

El eclipse fue un espectáculo realmente *increíble*.

A veces ponemos **in** antes de una palabra para que signifique lo contrario:

creíble-increíble   **correcto-incorrecto**   **útil-inútil**

Escribe con letra *cursiva* las palabras que faltan, agregándoles **in**:

El eclipse fue un espectáculo _____ .
creíble

A mediodía el Sol estaba _____ , pero
soportable

cuando la Luna lo empezó a tapar, el calor bajó.

En la tele el Sol se veía _____ .
completo

Como había mucha gente, yo estaba muy _____ ,
cómodo

y mi hermanita estaba muy _____ .
quieta

¿Usted ha visto un eclipse?

Tal vez tú no has visto un eclipse, pero hay personas
que sí lo han visto. Con tus compañeros de equipo,
platica con una persona mayor sobre los eclipses.

Pregúntale:
- Si le ha tocado ver un eclipse de Sol, cuándo y en dónde.
- Cómo fue.
- Qué sintió mientras sucedía.

No trates de escribir mientras habla el entrevistado.
Sólo escucha con atención sus respuestas.
Después de la entrevista escribe en tu cuaderno algunas notas
sobre lo más importante que haya dicho tu entrevistado.

Reporte de entrevista

¿Recuerdas la entrevista que realizaste sobre los eclipses?
Escribe con tus compañeros de equipo un reporte sobre la misma.
Haz aquí el borrador.

Datos del entrevistado

Nombre: _____

Edad: _____ Ocupación: _____

¿Ha visto un eclipse de Sol? ¿Cuándo y dónde?

_____

_____.

¿Cómo fue?

_____

_____.

¿Qué sintió mientras sucedía el eclipse?

_____

_____.

Lección 24
Los tres primos

Recado

Escribe con letra *cursiva* un recado para el tío Simón como si fueras uno de los sobrinos del cuento *Los tres primos*.

Destinatario

Fecha

Mensaje

Firma

Revisa con tu compañero si el siguiente mensaje está escrito correctamente. Marca los errores con color rojo y corrígelos.

Tio:

Juimos a la cueba de lla montaña. No te bayas a asustar si no nos vez. Regresaremos en la tarde.

Tus sovrinos

Etor, Veto y Maria.

Las explicaciones

Platica con tu compañero qué representa cada imagen y completa la explicación de acuerdo con lo que sucedió en el cuento *Los tres primos.*

Cuando los niños salieron de vacaciones…

Los tres primos pensaron que sería emocionante…

Como el camino de subida a la montaña era muy pesado…

Como Beto tenía miedo de entrar en la cueva, Héctor…

Como todo era tan bello, no se dieron cuenta…

El tío Simón se había preocupado mucho al ver que sus sobrinos
no regresaban, entonces pidió…

La familia

Junto con un compañero completa las oraciones con la palabra que corresponda.

tío   abuelos   primas   sobrino   sobrina   tía

El hermano de tu papá es tu _____ .

La hermana de tu mamá es tu _____ .

Tú eres _____ de tu tío.

Las hijas de tus tías son tus _____ .

Los papás de tus papás

son tus _____ .

Lección 25
Pinocho

Un carpintero...

Lee el cuento *Pinocho* y completa con letra *cursiva* las oraciones.

Gepeto era un *carpintero* que vivía solo. Un día fabricó un lindo

_____ de madera a quien llamó _____.

El hada Luna nombró un consejero para Pinocho: el _____ José.

Una gran _____ se tragó a Pinocho y al grillito_____.

Dentro de la ballena encontraron a _____.

El hada Luna premió a Pinocho y lo convirtió en un _____.

Clasifica las palabras que escribiste:

Nombres comunes	Nombres propios
carpintero	

¿Cómo es Pinocho?

Escribe del lado izquierdo cómo es Pinocho,
y del lado derecho explica por qué:

Pinocho es...	Porque:
Simpático	Es un muñeco que baila y canta.

La Isla Encantada

Observa la ilustración y completa las oraciones.

Pinocho está a la izquierda de _____

y a la derecha de _____.

Para ir al cine pasa por _____.

Para ir al río pasa por _____.

Para salir de la Isla Encantada pasa por _____.

Gepeto y su hijo

Completa las palabras:

Gepeto deseaba tener un hijo.

Pinocho era un muñeco que no sabía platicar ni _____ugar.

El grillito _____osé era el conse_____ero de Pinocho.

Cuando Pinocho bailaba y cantaba, la _____ente se detenía a verlo.

El dueño del teatro encerró a Pinocho en una _____aula.

El grillo aconse_____ó a Pinocho que no fuera a la Isla Encantada.

A Pinocho le salieron ore_____as y cola de burro.

_____epeto, Pinocho y el grillito _____osé escaparon _____untos

de la ballena.

Como se cansó, _____epeto de_____ó de nadar

y se hundió en el agua.

Pinocho se convirtió en niño

y fue un hi_____o cariñoso.

El mentirómetro

Comenta con un compañero cada mentira
que Pinocho contó al hada Luna y califícala
con el mentirómetro. Fíjate en el ejemplo.

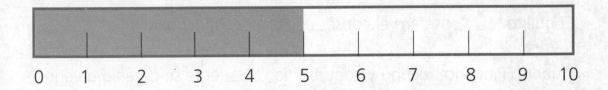

Un ogro me atrapó y me encerró en esta jaula.

| 0 | 1 | 2 | 3 | 4 | 5 | 6 | 7 | 8 | 9 | 10 |

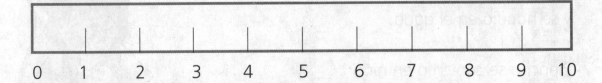

No fui a la escuela porque no hubo clases.

| 0 | 1 | 2 | 3 | 4 | 5 | 6 | 7 | 8 | 9 | 10 |

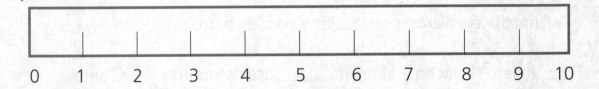

El grillito José no me advirtió del peligro.

| 0 | 1 | 2 | 3 | 4 | 5 | 6 | 7 | 8 | 9 | 10 |

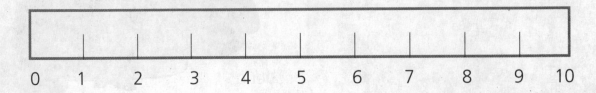

Mi papá me dio permiso de ir al teatro.

| 0 | 1 | 2 | 3 | 4 | 5 | 6 | 7 | 8 | 9 | 10 |

Lección 26
El mar

Nuevas palabras

Lee las siguientes oraciones. Comenta con tu compañero el significado de las palabras señaladas. Busca en el libro recortable la tarjeta con el significado adecuado y pégala en el recuadro correspondiente.

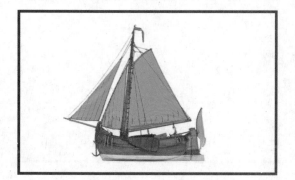

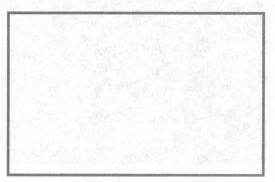

Antiguamente los barcos sólo eran **impulsados** por remos y velas.

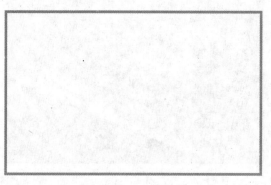

Los peces, las ballenas y los delfines son animales **acuáticos**.

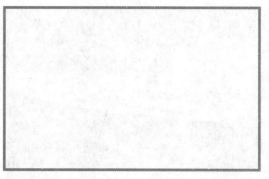

La **embarcación** del pescador es pequeña.

81

Me gusta jugar en la **playa**.

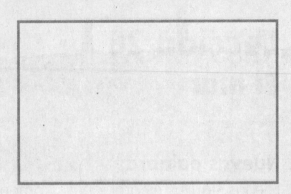

Es maravilloso **bucear** en el mar.

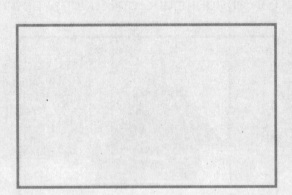

81

El autobús, el avión y el barco son medios de **transporte**.

Los barcos atraviesan el mar por diversas **vías** marítimas.

Ordena las ideas

Escribe en orden los sucesos de alguna aventura que hayas tenido.

Título de la aventura: _____

Lugar en donde sucedió: _____

Los personajes son: _____

Problema que surgió:

Los sucesos

Primero:

Luego:

Después:

Al final:

Solución del problema:

Lee a tus compañeros de equipo lo que escribiste.

Un tema interesante

Lee el texto *El mar*. Escoge el tema que más
te interese y escribe sobre ese tema.
Lee lo que escribiste a tus compañeros.

Haz un dibujo sobre
el tema que más te gustó.

El tema que me gustó fue _____

_____

_____.

Me gustó porque _____

_____

_____.

Lo que no entendí fue _____

_____

_____.

Me gustaría saber_____

_____

_____.

Desde una isla desierta

Escribe las palabras que faltan para
completar el texto.
Fíjate que el relato sucedió en el pasado.

Había una vez un náufrago. Estaba solo en una isla desierta. **Dormía**
(dormir)

mucho y siempre _____ que _____ un barco
(soñar)   (venir)

a rescatarlo. Un día, cuando _____ , vio que en medio
(despertar)

del mar estaba un barquito. De un brinco se puso de pie.

Desesperado _____ a gritar con todas sus fuerzas,
(empezar)

pero no lo _____ . Se quitó la camisa y la agitó
(oír)

como si fuera una bandera. ¡Y tampoco lo _____ !
(ver)

Entonces, muy triste, _____ : "Ni modo, lo intentaré de nuevo
(pensar)

en otra ocasión".

Lee el texto a un compañero. Si es necesario, revisa y corrige las palabras.

Reflexión sobre la lengua

Lección 27
Kox y el señor del agua

Diversión en el agua

Observa cómo se divierten estos niños. Escribe la palabra adecuada para describir lo que hace cada uno.

se sumerge   flota   nada   chapotea

bucea   se zambulle
                                    (se echa un clavado)

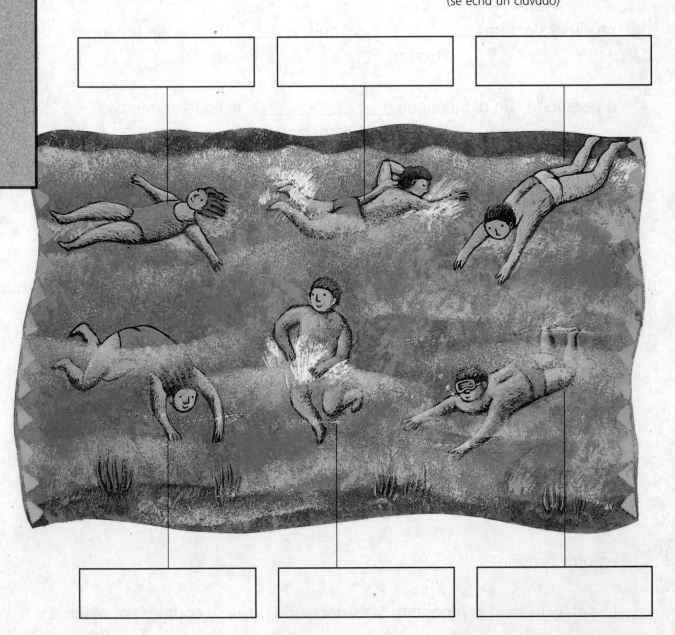

Antes y después

Numera las oraciones para que la historia de *Kox y el señor del agua* quede en orden.
Compara con un compañero el orden de la historia.

☐   Kox soñó con un hombre que surgía del agua.

☐   El señor del agua le dio a Kox tres pececitos.

☐   Al ver nadar a Rax, Kox se animó a nadar y perdió el miedo.

☐   Mientras se bañaba, Kox veía cómo nadaban otros niños.

☐   Kox volvió al río con su mamá y con Rax, su perro.

☐   Kox y su mamá caminaron mucho para conseguir agua.

Relato de un sueño

Lee el ejemplo y escribe
lo que soñaste.

Sueño de Kox

Mi sueño

Primero

Soñé con el señor del agua.

Primero

Después

*El señor del agua me regaló
tres pececitos.*

Después

Al final

*El señor del agua se despidió
de mí.*

Al final

¿Qué te gustaría aprender?

Pregunta a algunos de tus compañeros qué saben hacer
y qué les gustaría aprender. Escríbelo en el cuadro.
Observa el ejemplo. Comenta los resultados
de tu encuesta con todo el grupo.

Nombre	¿Qué sabe hacer?	¿Qué le gustaría aprender?
Brenda	Dibujar.	Tocar la flauta.

Lección 28
Una aventura en kayak

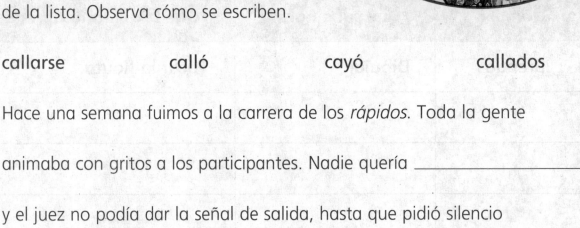

¿De *callar* o de *caer*?

Completa el texto con alguna de las palabras
de la lista. Observa cómo se escriben.

callarse   **calló**   **cayó**   **callados**

Hace una semana fuimos a la carrera de los *rápidos*. Toda la gente

animaba con gritos a los participantes. Nadie quería _____

y el juez no podía dar la señal de salida, hasta que pidió silencio

al público y todo mundo se _____ .

Una niña animaba a su papá y se acercó demasiado a la orilla del río.

De pronto ella se _____ al agua. Todos nos asustamos

y gritamos, pero después nos quedamos _____ mientras

un salvavidas se tiraba a rescatarla.

Al final, el papá de la niña que se _____ al agua

fue el triunfador. Estaba tan contenta y gritaba tanto, que parecía

que nunca iba a _____ . Mi familia y yo nos divertimos mucho.

Las palabras que se derivan de *callar* (guardar silencio) conservan la *ll* en su
escritura. *Cayó* (de caer) se escribe con *y*.

El deporte en los rápidos

El descenso por los ríos rápidos, ya sea en kayaks o en otras embarcaciones, es un deporte muy emocionante.

Al principio los aficionados construían sus embarcaciones en forma casera. Ahora existen diferentes canoas y balsas inflables, remos, chalecos salvavidas y cascos especiales que protegen la cabeza de los deportistas contra los golpes.

Los ríos rápidos se clasifican en seis categorías, según las dificultades que presentan.

Un río de la clase I es el más fácil de recorrer, pues lleva poca agua y casi no tiene desniveles.

Los ríos de la clase VI son los más peligrosos y se aconseja que sólo los expertos naveguen por ellos.

En México, este deporte es nuevo y los ríos donde se practica están en Veracruz, Chiapas y San Luis Potosí. Estos rápidos no llegan a ser de clase VI.

El río Gallinas, de San Luis Potosí, forma una gran cascada que cae en el río Santa María; allí comienza el descenso, entre agua azul, piedras blancas y abundante vegetación.

Casi todas las personas pueden practicar este deporte, pero necesitan entrenamiento y equipo especial. La gente se divierte mucho, no contamina los ríos y disfruta del paisaje.

Los deportes

Lee los nombres de los deportes y pega las imágenes
donde corresponda.
Platica con tu compañero o compañera sobre el deporte
que te gustaría practicar.

canotaje

clavados

esquí acuático

descenso por los rápidos

91

natación

buceo

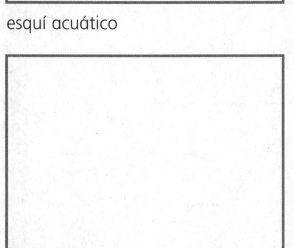

El deporte que más me gusta

Escribe tus opiniones sobre el deporte que más te gusta.

Mi deporte favorito es _____

_____ .

Me gusta porque _____

_____

_____ .

Me gustaría practicar ese deporte en _____

_____

_____

_____ .

Lo que necesito para competir en este deporte es _____

_____

_____

_____ .

Lección 29
Tortugas en peligro

Los niños opinamos

Selecciona un tema y escribe
tus opiniones en el esquema.

Tema: _____

Yo quiero escribir sobre el tema porque:

El problema que he observado es que:

La solución que propongo es:

Leer y compartir

Rompecabezas de ideas

Forma ideas completas uniendo con una línea textos de cada columna. Utiliza un lápiz de color diferente para unir cada idea completa. Fíjate en el ejemplo.

Las tortugas están en peligro porque	porque	lentas al caminar.
Las tortugas son animales ovíparos	cuatro aletas para nadar y hacen sus nidos	se alimentan de renacuajos y plantas.
Las tortugas de agua dulce viven en	madrigueras para vivir y son muy	saquean sus nidos.
Las tortugas de mar tienen	los ríos o arroyos y	nacen de huevos.
Las tortugas terrestres excavan	las personas	en la playa.

Lee y compara tu trabajo con el de un compañero.

Forma palabras

Forma siete palabras con las sílabas que están en el caparazón de la tortuga. Las palabras que formes deben llevar la sílaba *gue* o *gui*.

_____   _____

_____   _____

_____   _____

_____

Recuerda que en las sílabas *gue*, *gui*, la letra *u* no se pronuncia.

Lección 30
El juez sabio

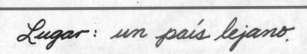

El juez sabio

Escribe en los recuadros lo que sucedió
en el cuento *El juez sabio.*

Lugar: un país lejano.

Personaje principal:

Otros personajes:

Sucesos:

Final:

Significados que se parecen

Completa cada oración con la palabra
que tenga un significado parecido
a la palabra que está debajo de la línea.

mago	ladrón	rival

No había _____ capaz de engañar al juez sabio.
ratero

sabio	valiente	embustero

El mantequero era un hombre _____.
mentiroso

porqueriza	carnicería	caballeriza

El juez le pidió a Baukás que entrara en la _____.
cuadra de caballos

castigarlo	premiarlo	encerrarlo

El rey ofreció al juez _____.
recompensarlo

Las palabras que tienen significado parecido se llaman *sinónimos*.

Busco juez sabio

Lee el anuncio que escribió el rey Baukás.

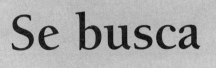

Se busca

juez sabio que descubra la verdad y castigue a los ladrones.

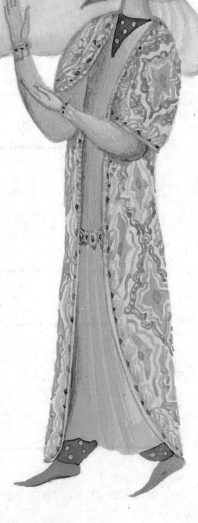

Si fueras el carnicero del cuento, ¿qué anuncio escribirías para encontrar al juez sabio?

Dime cómo son

Juega con tus compañeros de equipo.

Instrucciones:

1. Elijan un personaje del cuento *El juez sabio*.
2. Alguien debe describir cómo es y cómo actúa el personaje y los demás deben representarlo con mímica.
3. Cambien de turno para que los demás describan a otros personajes del cuento.

Lección 31
Las ballenas

Las ballenas

Después de leer el texto *Las ballenas*, escribe lo que ya sabías
y lo que aprendiste.

Lo que ya sabía

Lo que aprendí

Ideas principales

Completa este esquema para saber cuáles son las ideas principales del texto *Las ballenas*.

¿Qué son?

¿Cómo son?

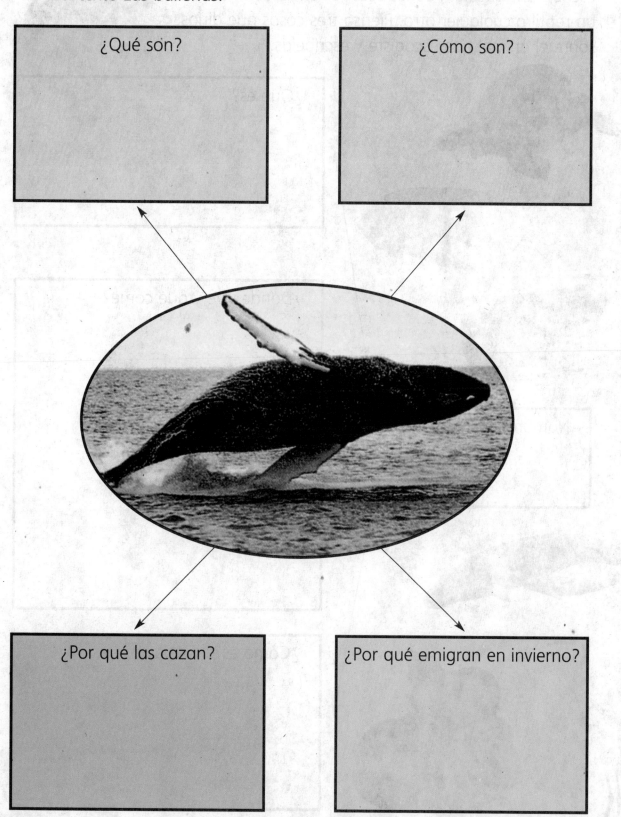

¿Por qué las cazan?

¿Por qué emigran en invierno?

Ordena las ideas

Con tus compañeros de equipo, elige un animal para escribir un artículo. Puedes escoger un insecto, un ave, un reptil o cualquier otro. Piensa tres cosas que dirías sobre el animal que escogiste y escríbelas.

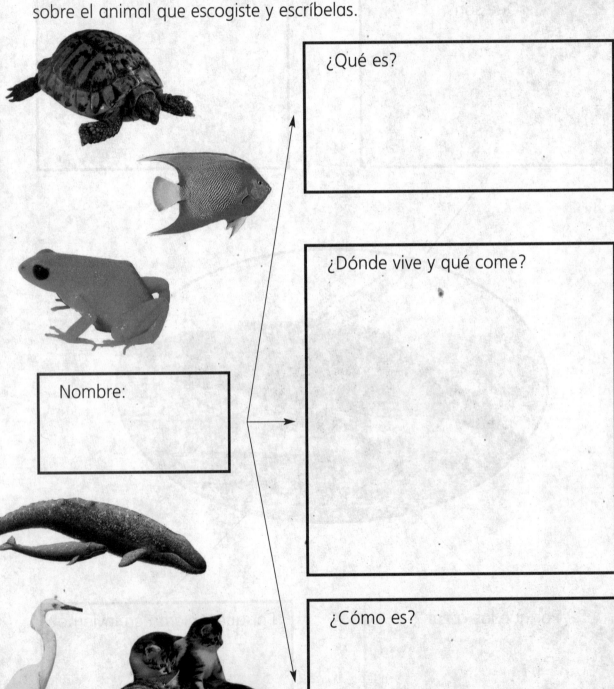

¿Qué es?

¿Dónde vive y qué come?

Nombre:

¿Cómo es?

En distinto orden

Lee estas oraciones:

En el planeta hay más agua que tierra.
Más agua que tierra hay en el planeta.

Aunque las palabras están en distinto orden,
las dos oraciones tienen el mismo sentido.
Ahora, busca en tu libro recortable las oraciones sobre las ballenas.
Recorta las partes de cada oración y pégalas en distinto orden.

99

Compara tus oraciones con las de otro compañero.

Dibuja lo que yo te diga

Juega con un compañero. Busca en tu libro recortable
la página que se indica y recorta una de las imágenes.
Descríbela para que tu compañero la dibuje.
Después pide a tu compañero o compañera que te describa
una imagen para que tú la dibujes.

Dibuja aquí la imagen que tu compañero describa.

101

Al describir, di qué cosas hay y dónde están: arriba, abajo, a la izquierda,
a la derecha, delante, detrás, en medio, encima, debajo.

Lección 32
Sapo y el forastero

Diferentes y semejantes

Después de leer *Sapo y el forastero*, elige dos personajes
que te hayan parecido muy diferentes.
Escribe sus nombres, sus diferencias y semejanzas.

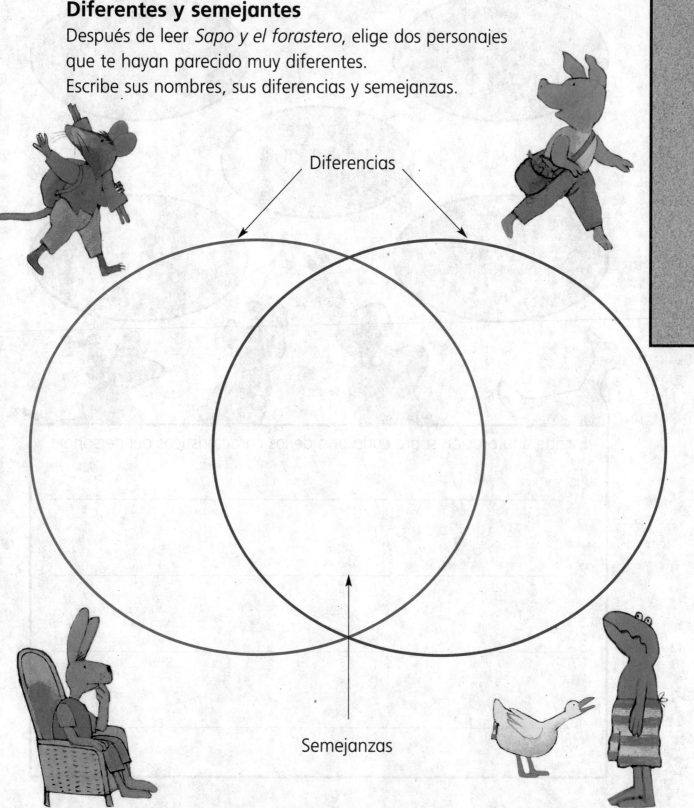

Diferencias

Semejanzas

Mi personaje favorito

Elige el personaje que más te haya gustado de *Sapo y el forastero*
y escribe con letra *cursiva* sus características.

característica 1

característica 2

Nombre
del personaje

característica 3

característica 4

Escribe una oración sobre cada una de las características del personaje.

1._____

2._____

3._____

4._____

Palabras compuestas

Trae de tu libro recortable las imágenes y pégalas donde corresponda. Escribe las palabras que resultan.

matar + moscas =

saltar + montes =

cortar + uñas =

sacar + punta =

abrir + latas =

Las palabras que se forman uniendo dos palabras se llaman *palabras compuestas*.

Diferentes, pero iguales

Reúnete con tus compañeros de equipo para organizar un debate.
Sigue estas recomendaciones:

1. En el equipo deberán incluirse niñas y niños.
2. Alguien dará la palabra y quienes quieran hablar deberán levantar la mano.
3. Escucha con atención a quien esté hablando.
4. Discutan uno por uno los temas que se sugieren.

Temas

- ¿Los niños de otros países son distintos de los niños mexicanos?

- ¿Todos los niños son iguales?

- ¿Las niñas y los niños son completamente distintos?

- ¿Sólo debemos aceptar como amigos a quienes sean como nosotros?

Lección 33
Tres piratas y un perico

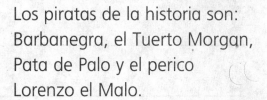

¿Qué sigue?

Lee y pega las imágenes y el texto de tu libro recortable donde correspondan:

Los piratas de la historia son: Barbanegra, el Tuerto Morgan, Pata de Palo y el perico Lorenzo el Malo.

103

La marea subió y el barco se alejó de la isla. Los piratas se quedaron desesperados y abandonados en la isla.

El poder mágico

Piensa qué podrías hacer si tuvieras un poder mágico, como hacerte invisible o leer los pensamientos de los demás, u otras cosas.

El poder mágico que escogí es: _____

Escribe qué harías con tu poder mágico:

Los piratas

Escoge las palabras que completen las oraciones y escríbelas.

Pedro el Malo   **La tripulación**   **Los malvados piratas**

_____ hundieron un barco y robaron su tesoro.

erà muy bueno.   **se burlaba de todos.**   **no era un perico pirata.**

Lorenzo el Malo _____.

Los caníbales   **El Tuerto Morgan**   **Barbanegra**

_____ vio que el barco se alejaba de la orilla.

Los tres piratas   **En el barco**   **Lorenzo el Malo y el narrador**

_____ enterraron el cofre del tesoro.

Escribe las oraciones que completaste:

¿Quién o quiénes?	¿Qué hizo o hicieron?

El mapa del tesoro

Observa y comenta con tus compañeros de equipo por dónde
tienen que pasar para llegar al tesoro que enterraron los piratas.
Primero, hay que llegar a la playa desde el barco.

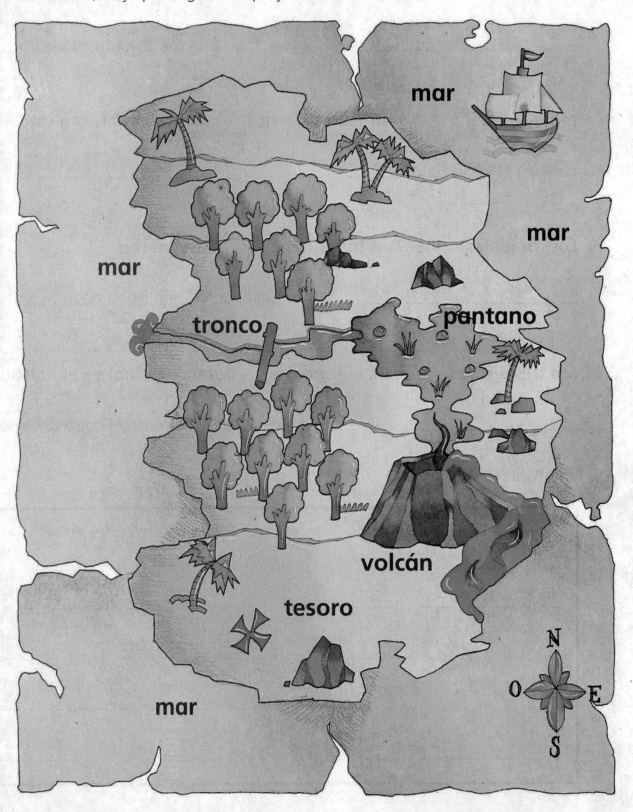

Para encontrar el tesoro

Con letra *cursiva* escribe las instrucciones para que otras
personas puedan encontrar el tesoro, usando el mapa
que aparece en la página anterior.

1.

2.

3.

4.

5.

Reflexión sobre la lengua

Lección 34
La leyenda de Dédalo e Ícaro

¿Qué letra falta?
Escribe la letra que le falta a las palabras incompletas.

Dédalo era un famoso arquitecto, tenía ___abilidades

para ___acer ___ermosas construcciones.

Su ___ijo Ícaro siempre lo ayudaba.

Al ___ey Minos se le ocu___ió la idea de contratarlos

para construir un laberinto.

Cuando terminaron la obra quedaron ence___ados,

pero Dédalo con su ingenio ___esolvió el problema.

Él y su ___ijo ___icieron unas alas para escapar.

Compara tus respuestas
con las de algún compañero.

Un invento para volar

Imagina un aparato para volar. ¿Cómo volarías? ¿A dónde irías?
Dibuja lo que imaginaste.

Describe lo que imaginaste.

Mi invento es _____

_____.

Para volar tiene _____

_____.

Y con mi invento puedo ir a _____

_____

¿Cómo es el personaje?

Escoge un personaje de un cuento, de una película o de un programa de televisión y dibújalo haciendo algo que le guste.

Observa tu dibujo y anota las palabras que lo describan.

Mi personaje favorito se llama _____.

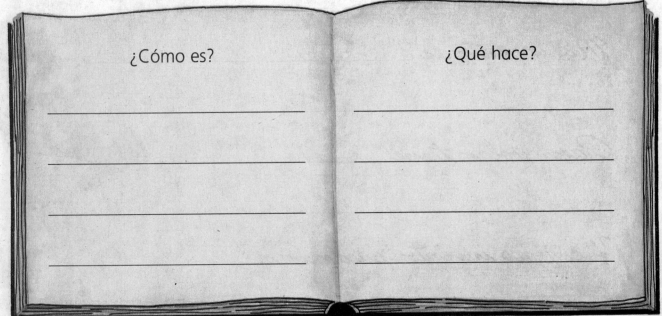

¿Cómo es?

¿Qué hace?

Los personajes y sus características

Usa los adjetivos de las dos primeras líneas para completar las oraciones de acuerdo con *La leyenda de Dédalo e Ícaro* y explica por qué son así los personajes o los lugares.

valientes   cobardes   famoso   conocido   lejano

ardiente   complicado   peligroso   soñador   audaz

Dédalo era un constructor _____ , porque _____

_____ .

El laberinto era un lugar _____ , porque _____

_____ .

Ícaro era un joven _____ , porque _____

_____ .

El Sol es un lugar _____ , porque _____

_____ .

Los personajes de la leyenda son _____

porque _____

Los *adjetivos* son palabras que sirven para describir las características de las personas, animales o cosas.

Otra forma de volar

¿Te gustaría hacer un paracaídas de papel?

Necesitas:
Un cuadrado de papel.
Un muñeco pequeño y ligero.
Hilo.

Pasos para hacerlo:
1. Dobla las cuatro esquinas
hacia el centro del cuadrado.
Marca muy bien los dobleces.

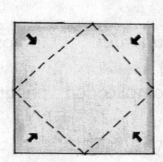

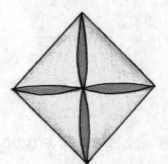

2. Ahora dobla las puntas
de cada esquina hacia arriba,
marcando también los dobleces.

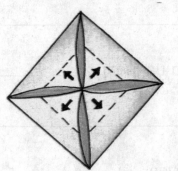

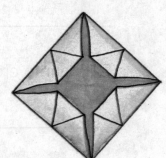

3. Corta 12 hebras de hilo iguales
y anuda o pega cada una a las esquinas.
Después amarra las otras puntas
de las hebras al muñeco.

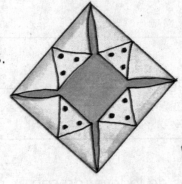

4. ¡Listo! Toma tu paracaídas
y lánzalo hacia arriba.

Perdidos en el laberinto

Encuentra la salida del laberinto. Explica a uno de tus compañeros cómo la encontraste. Usa palabras que indiquen dirección: arriba, abajo, a la derecha, a la izquierda.

Lección 35
El león y la zorra

¡Mucho ojo!

Explica a tu equipo qué significan estas imágenes, para qué sirven y en dónde se usarían. Escribe abajo de cada imagen su significado.

Cada palabra

Escribe las oraciones separando cada palabra con un espacio:

Elleónmintió,dijoqueestabaenfermo.

Elchivoentróenlacuevaynosalió.

Elleónsaliódelacuevayplaticóconlazorra.

Con un compañero, contesta la pregunta con dos palabras:

¿Qué crees que hizo la zorra al terminar de hablar con el león?

Contesta la pregunta con tres palabras:

¿Por qué crees que la zorra no entró a la cueva?

Cuento ilustrado

Inventa un cuento.
Dibuja en tu cuaderno las tres partes principales de la historia
y escribe en esta hoja lo que sucede.

Al principio: _____

_____

_____

_____

Después: _____

_____

_____

_____

Al final: _____

_____

_____

_____

¿De qué animal se trata?

Después de leer *El león y la zorra* comenta
con un compañero los textos siguientes
y escribe el nombre del animal que corresponda:

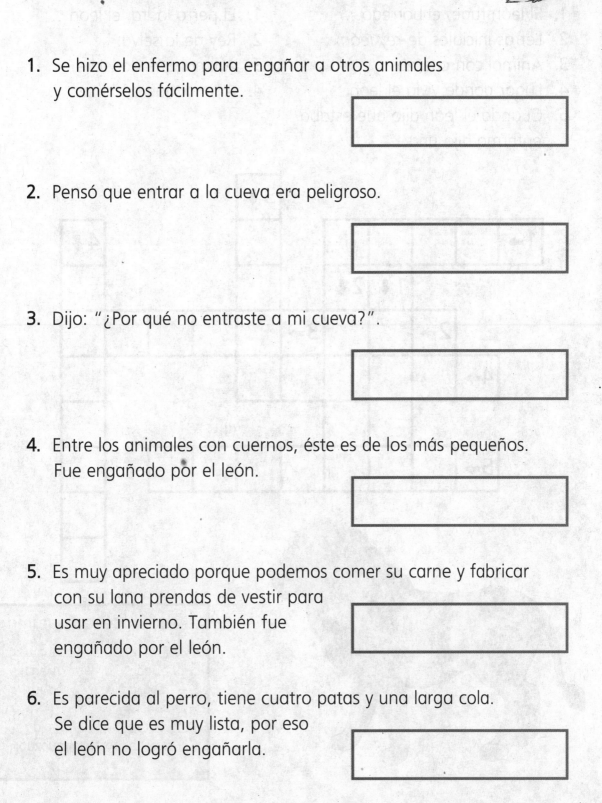

1. Se hizo el enfermo para engañar a otros animales
   y comérselos fácilmente.

2. Pensó que entrar a la cueva era peligroso.

3. Dijo: "¿Por qué no entraste a mi cueva?".

4. Entre los animales con cuernos, éste es de los más pequeños.
   Fue engañado por el león.

5. Es muy apreciado porque podemos comer su carne y fabricar
   con su lana prendas de vestir para
   usar en invierno. También fue
   engañado por el león.

6. Es parecida al perro, tiene cuatro patas y una larga cola.
   Se dice que es muy lista, por eso
   el león no logró engañarla.

Reflexión sobre la lengua

Juegos con letras

Resuelve el crucigrama

Horizontales
1. El león ruge, el borrego…
2. Letras iniciales de *rey león*.
3. Animal con cuernos.
4. Lugar donde vivía el león.
5. Cuando el león dijo que estaba enfermo dijo una…

Verticales
1. El perro ladra, el león…
2. Rey de la selva.
3. Animal que da leche.
4. Animal que da lana.

Inventa juegos

Con tu equipo, inventa y dibuja uno o más juegos con letras
y explícalos a tus compañeros.

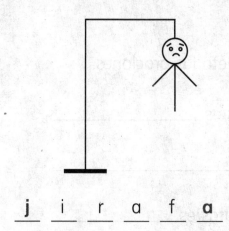

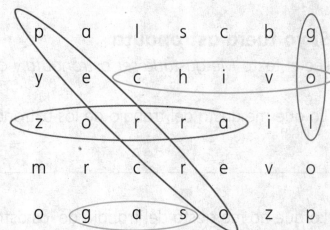

j i r a f a **a**

Lección 36
Me gustaría ser astronauta

Si yo fuera astronauta

Lee el texto *Me gustaría ser astronauta* y completa las oraciones.

Lo que me gusta del trabajo de los astronautas es _____

_____ .

Lo que no me gusta del trabajo de los astronautas es _____

_____ .

Si yo fuera astronauta me gustaría ir a _____

porque _____

_____ .

Compara tus respuestas con las de un compañero.
Colorea tu nave espacial.

Cuando sea grande...

Platica con tus compañeros.

1. Escoge dos ocupaciones que te gustaría tener cuando seas grande.
2. Explica en qué consiste cada ocupación, en qué son diferentes, en qué se parecen y por qué te gustan.

Noticias de Marte

Lee la noticia y observa la fotografía.

Excélsior

Viernes 11 de julio de 1997.

Vehículo robot descompuesto en Marte

El vehículo robot *Sojourner* chocó con la roca Yogui en la superficie del planeta Marte, como se observa en la fotografía, y no podrá transmitir datos sobre esta formación rocosa hasta que sea puesto nuevamente en posición esta noche, desde el centro de mando.

Contesta las preguntas con un compañero.
1. ¿Qué ocurrió?
2. ¿Quién participó?
3. ¿Dónde sucedió?
4. ¿Cuándo sucedió?
5. ¿En qué periódico apareció la noticia?

Escritores de noticias

Escoge con tus compañeros un tema interesante
para escribir una noticia.
Puede ser un acontecimiento de la escuela,
del lugar donde vives o de cualquier parte del mundo.

Título de la noticia:

¿Qué ocurrió?

¿Quién participó?

¿Dónde pasó?

¿Cuándo pasó?

¿Cómo pasó?

Noche de estrellas

Observa la ilustración. Escoge y escribe la palabra que hace falta para completar las oraciones.

Todos están admirando _____ Luna. _____ cometa se ve a lo lejos.

_____ cometa tiene una gran cola.

_____ perro acompaña a _____ niños. _____ perro es café.

_____ niñas y _____ niños son amigos.

_____ noche está hermosa, porque _____ cielo está estrellado

y _____ Luna brilla. _____ estrellas brillan más que otras.

La cartelera de los cines

Lee la siguiente cartelera de películas.

Cine Regio
AVENTURA EN EL ESPACIO
horario: 3:30 y 6:30
Adolescentes y adultos

Cine Río
Encuentros cercanos
horario: 4:00 y 6:30
Sólo adultos

Dibujos animados

Cine Encanto
La nave de los monstruos
horario: 3:00 y 5:00 y 7:00
Niños y adultos

Cine Brisa
La guerra de las galaxias
horario: 3:00 y 5:00
Niños y adultos

Platica con tus compañeros:

1. ¿Qué película te gustaría ver?
2. ¿En qué cine se exhibe esa película? ¿A qué hora?
3. ¿Qué películas no están autorizadas para los niños?
4. ¿Dónde puedes consultar la cartelera de los cines o la programación de la televisión?
5. ¿Has visto películas sobre el espacio? ¿Cuáles?

Lección 37
La leyenda de los volcanes

¿Lo dice la leyenda?

Con tu equipo lee las siguientes oraciones. Marca las oraciones
con una (✓) si es verdadera y con una (✗) si es falsa.

☐ Un emperador que vivía en el valle de México tenía una hija
llamada Iztaccíhuatl.

☐ Popocatépetl era un joven guerrero valeroso e inteligente.

☐ El emperador no quería que Iztaccíhuatl y Popocatépetl se casaran.

☐ El emperador recibió la noticia de la muerte de Popocatépetl.

☐ La princesa enfermó de tristeza y cayó en un sueño profundo.

☐ Popocatépetl regresó derrotado y decidió irse de la ciudad.

☐ Un curandero despertó de su sueño a la princesa Iztaccíhuatl
y en recompensa se casó con ella.

Palabras nuevas

Busca en la leyenda las siguientes palabras y une con una línea las que tengan un significado parecido.

valiente		audaz, intrépido

| envidia | | festejar, realizar |

| celebrar | | encargar |

| confiar | | celos, rencor |

Lee con tus compañeros las oraciones. Luego expliquen su significado.

Popocatépetl era un guerrero *intrépido* e inteligente.

Iztaccíhuatl y Popocatépetl iban a *realizar* su boda.

El rey *encargó* a Popocatépetl la dirección de su ejército.

Unos guerreros *celosos* mintieron al emperador.

El Popocatépetl y el Iztaccíhuatl

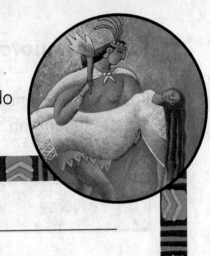

Escribe con letra *cursiva* lo que más te haya gustado de la leyenda y dibújalo.

_____

_____

_____

_____

_____

_____

¿Qué sucedió?

Lee los verbos de la izquierda y escríbelos en tiempo pasado
para completar las oraciones.
Fíjate en el ejemplo:

llora   Iztaccíhuatl **lloró** amargamente y se enfermó.

reúne   El emperador _____ a sus guerreros.

regresa   Popocatépetl _____ victorioso.

escucha   Iztaccíhuatl _____ la noticia falsa.

asombra   Todas las personas se _____ al ver

dos montañas que surgieron de la tierra.

Los *verbos* expresan acciones que se realizan en el presente,
en el pasado o en el futuro.

Otras palabras

Lee estas palabras, investiga cuáles provienen de lenguas indígenas
y márcalas con una (✔).
Fíjate en los ejemplos:

✔ Popocatépetl

✔ Iztaccíhuatl

☐ papalote

☐ chile

☐ jitomate

☐ libro

☐ manzana

☐ petate

☐ mecate

☐ planta

☐ guajolote

☐ chocolate

Conversa con tus compañeros sobre el significado de las palabras
que marcaste.

Lección 38
Don Lalo Malos Modos

Personajes distintos

Después de leer *Don Lalo Malos Modos,* describe a don Lalo y al viejito. Usa letra *cursiva*.

Don Lalo

Viejito

_____   _____

_____   _____

_____   _____

_____   _____

_____   _____

_____   _____

_____   _____

Don Lalo Malos Modos

Completa el texto utilizando las palabras
siguientes:

El   el   la   Los   los   Un   un   una

Don Lalo Malos Modos tenía _____ tienda en un pueblo lejano.

Era un comerciante con muy mal genio y siempre se enojaba

con _____ niños.

_____ niños del pueblo ya no querían comprar en _____ tienda

de don Lalo porque siempre salían regañados por su culpa.

_____ día, cuando los niños estaban jugando junto al arroyo,

que estaba crecido, salvaron a _____ viejito de ahogarse.

_____ viejito, agradecido, les dijo que por haberlo salvado

les concedería _____ deseo.

_____ niños le pidieron que cuando le compraran a don Lalo

Malos Modos éste les diera siempre _____ doble.

Después _____ niños fueron a _____ tienda de don Lalo

y él les dio _____ doble.

Desde entonces todo _____ pueblo quería a don Lalo,

y le llamaban don Lalo Buenos Modos.

Desde hace tiempo he deseado...

Ahora que ya sabes escribir, haz una carta para un familiar.
Escribe lo que desees platicarle.
Utiliza este formato para hacer tu borrador.

_____
(Lugar y fecha)

_____
(Destinatario)

_____

_____

_____

_____

_____
(Mensaje)

_____
(Despedida)

_____
(Nombre o firma)

En mi opinión...

Con tus compañeros de equipo lee y opina.

Los adultos deben engañar a los niños.

Los niños deberían jugar siempre.

Los adultos no deben maltratar a los niños.

Los niños deben ayudar a las personas mayores.

Usa alguna de estas expresiones para dar tu opinión:

En mi opinión...

Yo creo que...

Yo pienso que...

Estoy de acuerdo, porque...

No estoy de acuerdo porque...

Lección 39
Nos comunicamos

Una encuesta

Pregunta a tus familiares qué estaciones de radio escuchan,
qué programas les gusta oír y qué canciones prefieren.
Escribe las respuestas en las columnas.

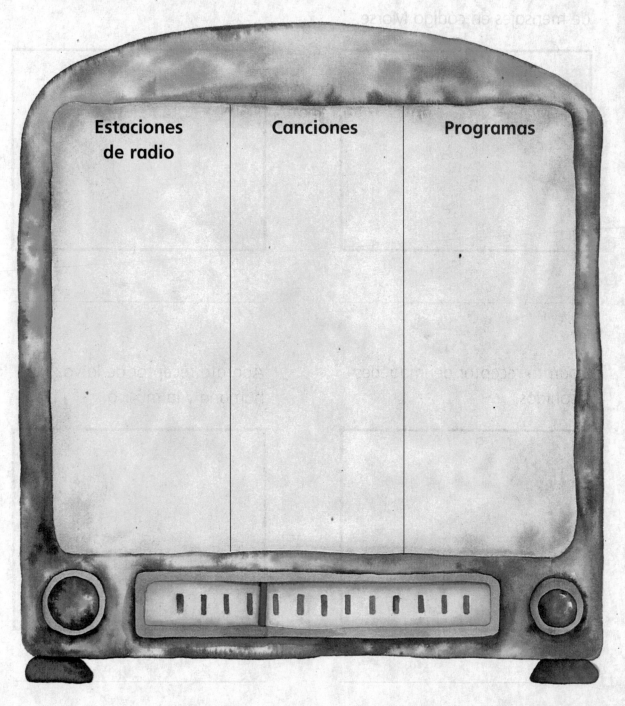

Estaciones de radio	Canciones	Programas

Las telecomunicaciones

Lee los párrafos y dibuja el aparato
que se describe. Escribe el nombre de cada aparato.

televisor   **radio**   **teléfono**   **telégrafo**

Sirve para la emisión (enviar)
y la recepción (recibir)
de mensajes en código Morse.

Aparato que sirve para hablar
a distancia con otra persona.

_____

_____

Aparato receptor de imágenes
y sonidos.

Aparato receptor de la voz
humana y la música.

_____

_____

Carta para...

Utiliza las ideas que escribiste en tu cuaderno en la última sesión del taller de escritura y escribe tu carta.

Fecha

Destinatario

Saludo

Cuerpo de la carta

Despedida

Firma

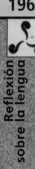

Arregla el mensaje

El siguiente mensaje tiene palabras
que están mal escritas. Lee y descubre
los errores para que otros puedan entenderlo.

La red de telecomunicaciones recibe señal y mensajes.
En la red de telecomunicaciones se utilizan muchos aparatos.
¿Sabes cuáles son?
Algunos de ellos son los teléfono, éstos transmite la voz humana.
Hay teléfonos que utilizan varios hilo y cable conductores.
Otros aparato son el radios y los televisor. Éstos reciben señales
para que las personas se diviertan: con las imagen de la televisión
y las canción de la radio.
Todos estos aparatos pertenece a las telecomunicaciones.

Escribe el mensaje correcto en el recuadro inferior.

Lee el mensaje a tus compañeros.

¡Hasta pronto!

Un año más ha terminado, esperamos que te hayas divertido
con los libros de lecturas, actividades y recortable.
Escribe lo que hayas sentido al trabajar con ellos.

Las lecturas que me agradaron fueron _____

_____

_____

porque _____

_____

La representación en la que me agradó participar fue _____

_____

_____

porque _____

_____

Lo que más me gustó escribir fue _____

_____

_____

El juego más divertido fue _____

_____

Créditos editoriales

"Caminito de la escuela", en *Español. Primer grado*, México, SEP, 1994, p. 27-29. Se reproduce con autorización de Gabsol Editorial.

"El deporte en los rápidos", en *Espacios, Revista de información turística*, año 1, núm. 2, México, Aviacsa, 1997, p. 28-32.

"El sapito glo glo", José Sebastián Tallón, en *Español. Primer grado*, México, SEP, 1994, p.

"La petenera" (fragmento), canción popular, en *Español. Primer grado*, México, SEP, 1994, p. 102.

"La ranita", Leonardo Lis, en *El cancionero de la escuela y el hogar*, 2a ed., México, Progreso, 1952, p. 22.

Créditos de imagen*

Lección 14. El maíz

Tacos, *Maize cookery*, Patricia Van Rhijn, México, Azabache, 1993, p. 37 **(76)**, Ignacio Urquiza.

Gente comiendo, *Un día en la ciudad de México*, México, Azabache, 1992, p. 26 **(76)**, Mauricio Auramón.

Campesino trabajando, *La industria del maíz*, México, Conasupo-Grupo Azabache, 1995, p. 44 **(76)**, Lourdes Grobet.

Mujer en milpa, *La industria del maíz*, México, Conasupo-Grupo Azabache, 1995, p. 47 **(76)**, Lourdes Grobet.

Canasta con maíz, *La industria del maíz*, México, Conasupo-Grupo Azabache, 1995, p. 49 **(76)**, Lourdes Grobet.

Manos y metate, *México*, Olivetti, s.p.i., sin folio **(76)**, Archivos Olivetti.

Manos con bola de masa, *Comida yucateca. Guía gastronómica. México Desconocido*, México, núm. 2, febrero de 1994, p. 24 **(76)**, Ignacio Urquiza.

Manos con tortilla, *México: 3000 años de historia, civilización y cultura*, México, Noriega, 1994, p. 146 **(76)**, Jean Sloover.

Tortillas apiladas, *La industria del maíz*, México, Conasupo-Grupo Azabache, 1995, p. 124 **(76)**, Lourdes Grobet.

Alimentos, CIDCLI, **(77)**, Ignacio Urquiza.

Lección 16. El sueño de volar

Concorde, *Tony Sotone World*, vol. 3, imagen núm. 38B 8 **(86)**, Zigy Kaluzny.

Hombre acostado volando, *El hombre que voló hasta el cielo*, Karl Aron, Moscú, Progreso, 1981, p. 11 **(53), izquierda, arriba, Beniaminson y Kishtimov.

Primer avión, *Máquinas voladoras*, Andrew Nahum, México, Aguilar-Altea-Taurus-Alfaguara, 1992, p. 14 **(53), arriba, derecha.

Zeppelin, *Máquinas voladoras*, Andrew Nahum, México, Aguilar-Altea-Taurus-Alfaguara, 1992, p. 57 **(53), centro, izquierda'.

Avión de hélices, *Máquinas voladoras*, Andrew Nahum, México, Aguilar-Altea-Taurus-Alfaguara, 1992, p. 32 **(53), centro, derecha.

Avión Boeing, *Máquinas voladoras*, Andrew Nahum, México, Aguilar-Altea-Taurus-Alfaguara, 1992, p. 35 **(53), abajo, izquierda.

Concorde, *Tony Sotone World*, vol. 3, imagen núm. 38B 8 **(53), abajo, derecha.

Lección 18. Ranas

Rana en hojita, *Anfibios*, Barry Clarke, México, Aguilar-Altea-Taurus-Alfaguara, 1995, p. 53 **(96)**, sin crédito.

Lección 21. Las mariposas Monarca

Mariposa, *Muestras de la fauna de Tabasco*, Villahermosa, Gobierno del Estado de Tabasco, 1988, p. 75 **(108)**, Elvia Esparza.

Mariposas, *Natura mexicana*, México, Fondo Editorial de la Plástica Mexicana, 1996, p. 227 **(109)**, centro 1, arriba, Carlos Gottfried.

Mariposas volando, *Mariposa monarca: vuelo de papel*, México, CIDCLI, 1987, p. 27 **(109)**, Carlos Gottfried.

Bosque de mariposas, *Natura mexicana*, México, Fondo Editorial de la Plástica Mexicana, 1996, p. 226 **(109)**, centro 2, Javier de la Maza.

Mariposas volando, *Mariposa monarca: vuelo de papel*, México, CIDCLI, 1987, p. 23 **(109)**, abajo, William Calvert.

Mariposa sobre planta, *Mariposa monarca: vuelo de papel*, México, CIDCLI, 1987, p. 30 **(110)**, Carlos Gottfried.

Bosque de mariposas, *Natura mexicana*, México, Fondo Editorial de la Plástica Mexicana, 1996, p. 226 **(112)**, Javier de la Maza.

Mariposas, *Natura mexicana*, México, Fondo Editorial de la Plástica Mexicana, 1996, p. 227 **(63), Carlos Gottfried.

Mariposas, *Natura mexicana*, México, Fondo Editorial de la Plástica Mexicana, 1996, p. 227 **(65), arriba, Carlos Gottfried.

Mariposas volando, *Mariposa monarca: vuelo de papel*, Fernando Ortiz Monasterio, México, CIDCLI, 1987, p. 27 **(65), abajo, Carlos Gottfried.

Bosque de mariposas, *Natura mexicana*, México, Fondo Editorial de la Plástica Mexicana, 1996, p. 226 **(67), arriba, Javier de la Maza.

Mariposas volando, *Mariposa monarca: vuelo de papel*, Fernando Ortiz Monasterio, México, CIDCLI, 1987, p. 23 **(67), abajo, William H. Calvert.

Lección 26. El mar

Barco de vela, *Los barcos*, Erick Kentley, México, Aguilar-Altea-Taurus-Alfaguara, 1992, p. 2 **(131)**, arriba, sin crédito.

Peces, *Natura mexicana*, México, Fondo Editorial de la Plástica Mexicana, 1996, p. 226 **(131)**, centro, Gonzalo Iván Arcila.

Pescador, *The State of Oaxaca*, México, Azabache, 1996, p. 166 **(131)**, abajo, Jorge Pablo de Aguinaco.

Vista de la playa, *The State of Oaxaca*, México, Azabache, 1996, pp. 162-163 **(132)**, arriba, Jorge Pablo de Aguinaco.

*Los números entre paréntesis y negritas indican la página de la presente edición donde aparecen imágenes de los títulos que se mencionan.
**Los créditos precedidos por doble asterisco pertenecen a imágenes reproducidas en el libro recortable.

Buzos, *El Estado de Quintana Roo*, México, Grupo Azabache, 1995, p. 155 **(132)**, centro 1, Adalberto Ríos y Lourdes Alonso.

Crucero, *El Estado de Quintana Roo*, México, Grupo Azabache, 1995, p. 148 **(132)**, abajo, Adalberto Ríos y Lourdes Alonso.

Lección 28. Una aventura en Kayak

Rápidos, *Los barcos,* Eric Kentley, México, Aguilar-Altea-Taurus-Alfaguara, 1992, p. 13 **(141)**, derecha, arriba, J. Allan Cash.

Paisaje, *El estado de Chiapas,* México, Grupo Azabache, 1997, pp. 2-3 **(141)**, izquierda, abajo, Carlos Martínez.

Río, *El estado de Chiapas,* México, Grupo Azabache, 1997, p. 178 **(141)**, derecha, abajo, Lourdes Alonso y Adalberto Ríos.

Paisaje, *El estado de Tabasco,* México, Grupo Azabache, 1994, p. 106 **(142)**, abajo, Javier Hinojosa.

Cascada, *El estado de San Luis Potosí,* México, Grupo Azabache, 1996, p. 132 **(142)**, arriba, Ignacio Urquiza.

Buzo, *Los reptiles,* Colin Mc Carthy, México, Aguilar-Altea-Taurus-Alfaguara, 1995, p. 57 **(143)**, Robert Harding Picture Library.

Remeros, Deportes F.P.G., UM International Foto, banco de imágenes, foto 4213 **(91), arriba, izquierda.

Esquiador, *México,* Olivetti, s.p.i., sin folio **(91), centro, izquierda.

Rápidos, *Los barcos,* Erick Kentley, México, Aguilar-Altea-Taurus-Alfaguara, 1992, p. 13 **(91), centro, derecha.

Nadando, *International Olympic Edition. México 1968,* Lausana-Stuttgart, Alemania Occidental, 1969, p. 137 **(91), abajo, izquierda, Max Mühlberger.

Buzos, *El estado de Quintana Roo,* México, Grupo Azabache, 1995, p. 155 **(91), abajo, derecha, Adalberto Ríos y Lourdes Alonso.

Lección 29. Tortugas en peligro

Tortuga en cuatro patas, *Los reptiles*, Colin McCarthy, México, Aguilar-Altea-Taurus-Alfaguara, 1995, p. 11 **(145)**, sin crédito.

Tortuga naciendo, *The proper care of turtles*, John Corbon, Estados Unidos, TFH Publications, 1995, p. 8 **(146)**, R.T. Zappalorti.

Lección 31. Las ballenas

Ballena saltando, *El Estado de Baja California Sur*, México, Grupo Azabache, 1994, p. 115 **(153)**, Guillermo Aldana.

Tortuga en cuatro patas, *Los reptiles*, Colin McCarthy, México, Aguilar-Altea-Taurus-Alfaguara, 1995, p. 11 **(154)**, sin crédito.

Pez, *Natura mexicana*, México, Fondo Editorial de la Plástica Mexicana, 1996, p. 208 **(154)**, Gonzalo Iván Arcila.

Mariposa, *Muestras de la fauna de Tabasco*, Villahermosa, Gobierno del Estado de Tabasco, 1988 p. 75 **(154)**, Elvia Esparza.

Rana roja, *Anfibios*, Barry Clarke, México, Aguilar-Altea-Taurus-Alfaguara, 1995, p. 56 **(154)**, sin crédito.

Ballena con cría, *Tras la pista de los mamíferos*, Diane Costa, Madrid, SM saber, 1997 **(154)**, sin crédito.

Garza, *The State of Oaxaca*, México, Azabache, 1996, p. 133 **(154)**, Jorge Pablo de Aguinaco.

La tierra, *Conserving the Atmosphere*, John Baines, Inglaterra, Wayland, 1989, p. 7 **(155)**, Photri.

Lección 36. Me gustaría ser astronauta

El hombre en la luna, *Life en el espacio*, México, Ediciones Culturales Internacionales, 1989 **(175)**, p. 181, NASA.

Lección 39. Nos comunicamos

Telégrafo, *Caminos de hierro*, México, SCT-Ferrocarriles Nacionales de México, 1996, p. 41 **(194)**, sin crédito.

Español. Segundo grado. Actividades
se imprimió por encargo de la Comisión Nacional
de Libros de Texto Gratuitos
en el 45° aniversario de su creación,
en los talleres de Impresora y Editora Xalco, S.A. de C.V.,
con domicilio en Av. J. M. Martínez,
y Av. 5 de mayo, Col. Jacalones, C.P. 56600,
Chalco, Estado de México, el mes de agosto de 2004.
El tiraje fue de 2'934,000 ejemplares